知识就在得到

A
Comprehensive
Mirror
to Aid in
Government

Series.IV

资治通鉴

熊逸版

熊逸 著

第四辑 汉家隆盛 ③

Xiong Yi
Edition

新星出版社 NEW STAR PRESS

目录

第三册

——汉景帝后元年

048 景帝为什么轻律法而用酷吏　　427
049 景帝为什么赐周亚夫一大块肉　　435

——汉景帝后二年至三年

050 司马光如何评价文景之治　　446

汉纪九

世宗孝武皇帝上之上

——汉武帝建元元年

051 汉武帝继承了怎样的家庭遗产　　461
052 董仲舒怎么论述天人感应　　470
053 董仲舒有哪些治国方案　　483
054 董仲舒怎么以天道论人世　　491
055 如何理解董仲舒讲的"大一统"　　498

056 窦婴和田蚡是怎么上位的　　　　　　　506
057 儒学是怎么在武帝朝开始复兴的　　　　514

——汉武帝建元二年
058 刘安靠什么赢得武帝的青睐　　　　　　522
059 窦太后是怎么打击儒家官僚的　　　　　530
060 武帝的初次大展宏图是怎样夭折的　　　539
061 武帝后宫发生了什么变故　　　　　　　546
062 卫子夫一家的命运是怎么改变的　　　　554
063 武帝是怎么任人唯亲的　　　　　　　　563

——汉武帝建元三年
064 打击诸侯王政策是怎么终结的　　　　　571
065 庄助为什么力主救援东瓯　　　　　　　580
066 庄助是怎样不靠虎符就调动军队的　　　588
067 武帝如何构建自己的参谋班底　　　　　593
068 武帝是怎样微服出行的　　　　　　　　602
069 上林苑是怎么开始建造的　　　　　　　610

——汉武帝建元四年至五年
070 设置五经博士有什么重大意义　　　　　620

——汉武帝建元六年
071 田蚡是怎么得势又失宠的　　　　　　　629
072 征伐闽越的战争是怎么平息的　　　　　638

汉景帝后元年

048

景帝为什么轻律法而用酷吏

疑案上报

原文：

（后元年）

春，正月，诏曰："狱，重事也。人有智愚，官有上下。狱疑者谳有司；有司所不能决，移廷尉；谳而后不当，谳者不为失。欲令治狱者务先宽。"

三月，赦天下。

夏，大酺五日，民得酤酒。

景帝后元年（前143年），汉景帝又改元了，往事一键清零，纪年重新开始。既然万象更新，皇帝就必须搞一些与民同乐、普天同庆的政策。于是春正月，又一道轻刑诏书颁布了，说疑难案件应当审慎处理，拿不准的就不要轻率定夺，交给上级就好，上级长官也拿不准，就再往上报，报到最高司法部门廷尉那里。呈报之后，就算上级部门认定原先的判决不恰当，主审官员也不用担责。总之，断案之事，各级官员必须以宽大处理为指导精神。然后又是大赦天下，又是大酺（pú）五日，其间甚至解除了酒类买卖的禁令，营造出诏书一出、举国同庆的气氛。

我们看到这份诏书的内容，会以为此前有争议的案情并不上报，初审就是终审，但并非如此。早在刘邦时代，公元前200年，就有过同样主题的诏书，只是针对的问题不一样。[1] 景帝要解决的是断案草率问题，给出的司法精神是人命关天，要慎重；而刘邦要解决的是效率问题，因为疑点和争议总会令案件久拖不决。

张家山汉简《奏谳书》让我们看到了疑案上报的

---

[1] 《汉书·刑法志》："狱之疑者，吏或不敢决，有罪者久而不论，无罪者久系不决。自今以来，县道官狱疑者，各谳所属二千石官，二千石官以其罪名当报之。所不能决者，皆移廷尉，廷尉亦当报之。廷尉所不能决，谨具为奏，傅所当比律令以闻。"

实例：时间在刘邦诏书的四年之后，地点在今天的湖北省境内。当时这里有少数民族聚居，基层政府称为道。道的长官审判一个名叫毋忧的蛮夷男丁，罪名是不服从服役安排，逃跑了。毋忧是个懂法的人，申辩说："法律明文规定，蛮夷男丁一年缴纳五十六钱就可以免除徭役。我已足额交了钱，凭什么还要去服役？"

控方的意见是："一年交五十六钱的规定，免除的只是徭役，而毋忧这次被征，是去屯戍，是两码事。就算这笔钱可以免除屯戍义务，毋忧据理不接受屯戍也就是了，为什么接受了却半道逃跑呢？"

案子到底该怎么判，地方官拿不定主意，于是上报。上级部门有说该判腰斩的，有说不该的，最后是廷尉给出了终审意见，简单明了：腰斩。〔张家山二四七号汉墓竹简整理小组《张家山汉墓竹简二四七号墓》(释文修订本)〕

疑案上报并不是新鲜事，区别只在于从速还是从宽。刘邦时代年年战乱，必须效率为先，景帝进入承平时代，既有条件，又有必要宽仁为怀。

制度和执行

那么，汉景帝如果真有一副菩萨心肠，为什么执法层面上要用郅都、宁成这种酷吏呢？换句话说，为什么法律制度越来越宽松，执法官员却越来越严苛呢？

制度和执行往往并不匹配，这是很正常的现象，多数情况下都是制度严，执行宽，因为制定总是比执行容易得多——制定制度时，很难面面俱到，巨细靡遗，而执行时，一来会遇到很多复杂情况，二来人力物力跟不上，三来会触发意料不到的连锁反应。

王夫之说：如果法令严峻，执法干部都是宽厚之人，老百姓就会畏惧法律，能过安生日子；如果法令宽松，执法干部都是酷吏，老百姓就会轻视法令，无辜的人一旦落入法网就必死无疑。这样一看，汉景帝时代的法令就像杀人陷阱。（［清］王夫之《读通鉴论·卷三》）

刑错

我们也许认为，汉景帝选拔酷吏，针对的只是大长安地区的权贵人家，而不是平民百姓。但从宁成的出身来看，他在远离长安的济南地区就已是"其治如狼牧羊"了。班固曾在《汉书·景帝纪》的结尾称道文景之治，说文帝、景帝执政的这五六十年里，移风易俗，民风淳厚，可以和周朝的成康时代媲美。所谓"周云成康，汉言文景"：一提到周朝的好时光，那就是成康之治；一提到汉朝的好时光，那就是文景之治。

西周初期确实有成康之治。"成康"指的是周成王、周康王。周成王即位时还是个小孩，所以由叔叔周公旦摄政，而这位周公旦，是连孔子都崇仰的圣人。在司马迁的笔下，成康时代的政治特点一言以蔽之："天下安宁，刑错四十余年不用。"（《史记·周本纪》）

所谓"刑错""不用"，是形容没人违法犯罪，监狱和刑具几乎都用不上。文景之治如果可以看作成康之治的再现，那也应当是"天下安宁，刑错四十余年不用"。但汉景帝时代的史料太简略了，不知是班固的赞美更贴近历史真相，还是郅都、宁成才代表当时的社会面貌。不过我们很快会看到，董仲舒在著名的"天人三策"中谈到的社会现实，是违法犯罪屡禁不止，一年有成千上万的官司。

"八议"制度

在儒家看来，成康时代对贵族的违法行为有所谓"八议"制度，很有人情味。这是正经的周礼，历朝历代都应该这么做才对，怎么可以搞法家那套"王子犯法与庶民同罪"的荒唐勾当呢？就拿刘荣案来说，应该像孔子说的那样"父为子隐，子为父隐"，汉景帝怎么可以把亲生儿子交给郅都严格法办呢？

儒家"三礼"系统里，《周礼》明确记载了八议（八辟）的规则，也就是对八种特权人士的特殊议罪程序。这八种人分别是国君的亲族、国君的故旧、贤者、能者、有功者、尊贵者、勤劳国事者和宾客。（《周礼·秋官司寇·小司寇》）

这套司法方案曾在中国历史上被真正付诸实践。被议的人和议罪的人通常属于同一个阶层，要么是皇亲国戚，要么是达官显贵，要么兼而有之。可以说，"八议"制度是一种在法理上被光明正大认可的官官相护，也是统治阶级的特权。

"八议"背后的情感逻辑，普通人理解起来倒也不难。人们希望皇帝是至公至正的最高统治者，但皇帝如果真把亲生骨肉和千里之外的陌生人同等看待，人们又会嫌他不近人情，太过冷酷。人们理想中的皇帝是一个温和慈爱的大家长，是天下人的慈父。

我们从汉景帝身上看到的，是"汉承秦制"的特点，虽然努力展现宽和的一面，但毕竟是从秦制脱胎而来，始终是法家的底色。要等到儒家思想成为意识形态的主流之后，儒家鼓吹的等差之爱才会成为社会共识和司法共识，"八议"制度才有可能取代酷吏。

刻薄寡恩

历代学者谈及文景之治时，有不少人认为文帝当之无愧，但景帝是个刻薄寡恩之人，无论是人品、才干还是政绩，都矮文帝一截。拿文景之治比拟成康之治，至少有一点相似：成康之治的成就主要是周成王贡献的，周康王没有什么存在感。

不过，司马迁在《史记·平准书》里描写汉武帝即位初年的社会风貌，说只要不是灾年，家家户户都能丰衣足食。总之，社会安定富庶，人人都很自爱，生怕触犯法律。但富起来了，富贵人家就开始骄奢淫逸，横行不法。这一切，都是从景帝一朝继承下来的。

汉景帝的刻薄寡恩，也许都用在了那些足以威胁王朝统治的大人物身上——晁错"衣朝衣斩东市"、刘荣被杀、郅都被抛弃，还有即将发生的周亚夫被逼死等。这些都不影响民间经济的野蛮生长。只不过史家的笔墨往往集中在帝王将相的生活圈里，像《史记·平准书》那样宕开一笔，综述一下自己孩提时代的社会风貌，只是偶尔的事情——据张大可先生推断，司马迁大概出生在汉景帝中五年（前145年）。(张大可《司马迁评传》) 所以，这样的记载给读者心理上的震撼，远不如上述那些大人物的死亡。

049
景帝为什么赐周亚夫一大块肉

丞相免职

原文:

五月,丙戌,地震。上庸地震二十二日,坏城垣。

秋,七月,丙午,丞相舍免。

乙巳晦,日有食之。

景帝后元年(前143年),虽然上半年又是改元,又是大赦,但下半年又是地震,又是日食,老天爷似乎特意不给汉景帝面子。按《资治通鉴》的记事次序,先是七月丙午日,丞相刘舍免职,然后是乙巳日,发生日食。但《资治通鉴》可能搞反了,因为乙巳日是丙午日的前一天,所以是先发生的日食,第二天刘舍才免了职。

时间线一清楚,自然就会怀疑这两件事是不是有因果关系。刘舍身为丞相，是不是当了汉景帝的替罪羊，以免职向天下人宣告："对不起各位，政治有失误，都是我的责任，老天爷已经发出了日食警告，我认错，我接受，我下台。"

事情很可能是这样的，只不过史料并没有给出明确记载。刘舍这位丞相，在职也好，免职也罢，反正是个过场人物，在历史舞台上并没有多少戏份。前文讲过，前任丞相周亚夫接连在重大议题上和汉景帝拧着干，这才被免了职，由原任御史大夫的刘舍接替。刘舍升任丞相，御史大夫的缺就由卫绾补上。[1] 这就意味着，汉景帝已经相中了老实、低调，又没什么追求的卫绾，等刘舍一下台，丞相一职就该轮到卫绾了。

卫绾为相

原文：

八月，壬辰，以御史大夫卫绾为丞相，卫尉南阳直不疑为御史大夫。

果然，当年八月，卫绾升任丞相。在《史记》里，

---

1 详见前文第045讲。

卫绾的升迁并没有那么顺利，窦太后中意的是自己的本家魏其侯窦婴。当时，功勋、威望和能力最显著的，除了周亚夫就是窦婴，所以窦太后有这个提议，不能算是任人唯亲。但汉景帝对窦婴评价不高，原话是"沾沾自喜耳，多易"（《史记·魏其武安侯列传》）。这是形容窦婴为人太轻浮了，不是做丞相的料。"多易"说的是一个人不管做什么事，事前都自信满满，把事情看得很容易。窦太后喜欢黄老之学，"多易"这个词刚好出自《老子》，原话是"多易必多难"，意思是，越把事情看得容易，遇到的困难就会越多，事情就越难以办成。

汉景帝筛掉窦婴，最重要的原因可能是窦婴和周亚夫一样，用起来太不顺手，先前还因废黜太子刘荣之事跟他闹过很大的不愉快。而这时汉景帝已经在为现任太子刘彻铺路了，窦婴当初极力反对改立太子，天然就和刘彻有芥蒂。而卫绾刚好和窦婴相反，为人老成持重，还做过刘彻的太傅，对刘彻熟悉又有感情。所以，还有谁比卫绾更适合担任丞相呢？就这样，卫绾升任丞相，空出来的御史大夫的缺，由原任卫尉的直不疑填补。

长者不疑

原文：

初，不疑为郎，同舍有告归，误持其同舍郎金去。已而同舍郎觉亡，意不疑；不疑谢有之，买金偿。后告归者至而归金，亡金郎大惭。以此称为长者，稍迁至中大夫。人或廷毁不疑，以为盗嫂。不疑闻，曰："我乃无兄。"然终不自明也。

这位直不疑也是个重要人物，《资治通鉴》介绍过他的出身，材料来自《史记·万石张叔列传》。直不疑原先在汉文帝身边做郎官，有一次他的室友请假回家，误把另外一位室友的黄金带走了。失主怀疑到直不疑头上，他该怎么做呢？

这样一桩小事，能在史书里留下一笔，实在是因为直不疑的反应太异乎常人了，也许可以被当成人生范本。被误会成了吃窝边草的贼，直不疑的反应是：说我是贼，我就是吧，好好道个歉，自掏腰包赔给失主也就是了。

如果事情就这样结束的话，直不疑头上的贼名就永远洗不清了。所以，事情当然还有后半段：那个请假的室友回来了，发现自己拿错了黄金，赶紧还了回去。失主这才知道先前错怪了直不疑，真是无地自容。因为这件事，直不疑赢得了"长者"的名声。

后来直不疑升任太中大夫，这已经是很高的品级了，有人传他的流言蜚语，说他虽然是个美男子，但品行不端，和嫂子有奸情。直不疑听说后，只是淡淡说了句自己没有哥哥，并不积极辩解。

《资治通鉴》不曾交代的是，平定"七国之乱"时，直不疑立过军功，受封塞侯。他是《老子》思想的终生践行者，不管到哪儿做官，处事方式都一成不变，刻意地不显山，不露水。（《史记·万石张叔列传》）现在，政府里的一把手是卫绾，二把手是直不疑，而周亚夫、窦婴那样的人都被边缘化了，这样一看，汉景帝的意图已经非常明显。

大胾食亚夫

原文：

帝居禁中，召周亚夫赐食，独置大胾，无切肉，又不置箸。亚夫心不平，顾谓尚席取箸。上视而笑曰："此非不足君所乎？"亚夫免冠谢上，上曰："起！"亚夫因趋出。上目送之曰："此鞅鞅，非少主臣也。"

汉景帝对局面已经有了相当强的掌控力，按说并不需要对周亚夫、窦婴赶尽杀绝。窦婴倒算识趣，但周亚夫还是那么有性格。

有一次，汉景帝在宫中召见周亚夫，还招待他吃饭，但菜品很奇怪，只有一大块肉，原文叫大胾（zì）。这块肉既没切碎，旁边也没放筷子。周亚夫很不满，向负责宴席的人索要筷子。汉景帝看着周亚夫，笑着说道："您是不是觉得不满足啊？"景帝的原话是"此非不足君所乎"，很难准确理解，历代注释家众说纷纭，此处采用杨树达在《古书疑义举例续补》中的解释。[1]这话显然话里有话，暗藏杀机。周亚夫赶紧免冠谢罪。景帝起身，于是周亚夫便迈着恭恭敬敬的小碎步离开了。景帝目送周亚夫离去，说出一句饱含深意的话："这种心怀不满的人不适合做小皇帝的臣子。"

那么问题来了：汉景帝在餐桌上难为周亚夫，到

---

[1] 杨树达《古书疑义举例续补·卷二》。孟康曰："设胾无箸者，此非不足满于君所乎？嫌恨之也。"如淳曰："非故不足君之餐具，偶失之也。"师古曰："孟说近之，帝言赐君食而不设箸，此岂不由我意，于君有不足乎？"树达按：诸说皆非也。此文"此"字，指亚夫顾尚席取箸之事而言；"所"者，意也；"不足君所"者，于君意有不足也。景帝意谓"君顾尚席取箸者，非君意不足之所为乎？"故下文云，"此鞅鞅非少主臣也。"《文选》五十四陆机《五等论》注引《楚汉春秋》下蔡亭长骂淮南王黥布语云："封汝爵为千乘，东南尽日所出，尚未足黥徒群盗所邪？而反何也？"言如此岂犹未足汝黥徒之意而必反邪？与《周勃传》句例正同。

底是存心试探，还是手下人一时疏忽，又或者只是周亚夫作怪呢？答案已无从知晓，这三种情况都有可能。

以当时的饮食习惯，讲究的场合都要用筷子，但并不完全排除"用手抓"这个选项。退一步说，这是皇帝赐宴，给什么就吃什么，再不方便，再不合口味，也只有忍着。如果提要求，那就不是君臣之道了。周亚夫如果判断出这是办事人员的偶然失误，那就该装作没察觉到，而如果判断出皇帝这是在故意敲打自己，那就乖乖配合一下，事后夹起尾巴做人，要保全性命不成问题。

但周亚夫不是这种人。就算免冠谢罪了，他也不会把心里那份不满隐藏起来，甚至故意不加隐藏，就是要给汉景帝看看自己口服心不服的样子。这就使汉景帝不得不担忧，等自己驾崩时，太子年纪还小，估计驾驭不了周亚夫这头猛虎。

汉景帝会有这样的想法，应该还有一个原因，那就是他已经充分意识到自己身体不行了，撑不了几年。这一年汉景帝虽然只有四十几岁，以今天的标准来看正值当打之年，但他的健康状况应该很糟糕，因为又过了两年他就驾崩了。

历史上有一件事和周亚夫吃肉齐名，那就是曹操派人给养病中的荀彧送了一份饭菜。荀彧打开包装盒，发现竟然是空的,于是当即就懂了,服毒自杀。(《后汉书·郑孔荀列传》)陆游的诗句"大觳食(sì)亚夫,空器馈荀彧"(《感遇六首其二》),把这两件事相提并论,做成了一组对仗。

原文:

居无何,亚夫子为父买工官尚方甲盾五百被,可以葬者。取庸苦之,不与钱。庸知其盗买县官器,怨而上变,告子,事连污亚夫。书既闻,上下吏。吏簿责亚夫,亚夫不对。上骂之曰:"吾不用也!"召诣廷尉。廷尉责问曰:"君侯欲反何?"亚夫曰:"臣所买器,乃葬器也,何谓反乎?"吏曰:"君纵不欲反地上,即欲反地下耳!"吏侵之益急。初,吏捕亚夫,亚夫欲自杀,其夫人止之,以故不得死,遂入廷尉。因不食五日,欧血而死。

周亚夫还没有意识到杀机已现。这时,他的儿子正在为他筹备丧葬用品,从宫廷用品管理部门偷偷购置了五百套铠甲和盾牌,准备作为陪葬。搬运这些物品很辛苦,但周公子竟然扣着搬运费不给。搬运工不干了,知道雇主让自己搬运的是违禁品,一怒之下就报了官。

史料原文称这些违禁品为"县官器",也就是皇家专用品。这里"县官"指的不是县令,而是皇家。在皇帝制度出现之前,最高统治者称"王"。秦始皇建立皇帝制度后,统一各种称谓,把王室、公室改称为县官,汉朝沿用了下来。所以我们看历代诗词文章,提到"县官"时,要多留个心眼。(杨振红《"县官"之由来与战国秦汉时期的"天下"观》)

社会底层出卖体力维生的搬运工,检举条侯周亚夫之子违禁购买皇家用品,两者实在地位悬殊,按说搬运工应该碰一鼻子灰才对,甚至会被打击报复,但他竟然成功了——不但成功,而且超水平成功。在搬运工看来,这充分体现出皇帝的圣明,但实际上他只不过适逢其会——汉景帝正要收拾周亚夫呢。

办案人员接到皇帝的指令,找周亚夫核实情况,但他拒不作答。汉景帝大怒,将周亚夫交给廷尉审讯。拒不作答是大臣和贵族应有的体统。第三辑里讲过,贾谊在题为《阶级》的那篇文章里详细剖析的就是这个问题。[1]不过,周亚夫假如真的学透了贾谊的文章,真诚采取贵族式的价值观,那么他拒不作答只做对了一半,另一半应该是主动谢罪,然后有官辞官,无官辞爵。如果办案人员还咬住不放的话,周亚夫的唯一正

---

[1] 详见《资治通鉴熊逸版》(第三辑)第250讲。

确方案就是自杀,给自己保全颜面,给朝廷保全体统。而周亚夫现在这样,既不申辩,也不谢罪,更不自杀,就把汉景帝放在了一个骑虎难下的位置上。

周亚夫原是要自杀的,却被夫人拦住了,结果落得被廷尉羞辱的处境,悔不当初。廷尉大人看懂了皇帝的心思,生生给周亚夫扣上了谋反的罪名。这是灭门大罪,周亚夫必须申辩一下。他说自己买的明明是陪葬用品,并不是真正的武器,怎么就造反了?办案人员的回答传为经典:"您就算不在地上造反,也是准备在地下造反的。"狼要吃小羊,怎么都能找到理由。周亚夫再也不存任何幻想,绝食五天,呕血而亡。陈寅恪先生有两句诗,"一生负气成今日,四海无人对夕阳",很适合拿来断章取义地总括一下周亚夫的悲剧人生。

《史记》中关于周亚夫的事迹,很有怪力乱神的色彩,说周亚夫终于应了算命先生的预言,虽然贵为条侯,却是饿死的。周亚夫死后,他的封国也被撤销了,一年之后朝廷才改封周勃的另一个儿子周坚为平曲侯,算是让周勃有后。而没了周亚夫这个障碍,汉景帝终于实现了给大舅哥王信封侯的心愿。(《史记·绛侯周勃世家》)

原文：

是岁，济阴哀王不识薨。

在周亚夫呕血而死的这一年，济阴王刘不识也过世了，他是梁王刘武的儿子。上一年梁王过世，梁国被一分为五，分给梁王的五个儿子，刘不识受封为济阴王。刘不识没有继承人，在他身故之后，济阴国被收归朝廷，成为中央直辖的济阴郡。(《史记·梁孝王世家》)

汉景帝后元年（前143年）的大事件到此结束。

汉景帝后二年至三年

050

司马光如何评价文景之治

愁云惨雾

原文:

（二年）

春，正月，地一日三动。

三月，匈奴入雁门，太守冯敬与战，死。发车骑、材官屯雁门。

春，以岁不登，禁内郡食马粟，没入之。

景帝后二年（前142年），已经是汉景帝执政生涯的倒数第二年了，照例又是风雨飘摇的气氛。春正月发生地震，大地一日之内连震了三次。三月，匈奴侵入雁门郡，雁门太守冯敬战死，朝廷派兵增援，屯驻雁门。又因为粮食歉收，朝廷下令内郡不准用粟米喂马，违令者马匹没收入官。

仅仅一个春天，又是天灾，又是人祸。我们读读景帝一朝的历史，一年年读下来，其实很难感觉到所谓"文景之治"的模样，反而年年都是愁云惨雾。

原文：

夏，四月，诏曰："雕文刻镂，伤农事者也；锦绣纂组，害女工者也。农事伤则饥之本，女工害则寒之原也。夫饥寒并至而能亡为非者寡矣。朕亲耕，后亲桑，以奉宗庙粢盛、祭服，为天下先；不受献，减太官，省繇赋，欲天下务农蚕，素有蓄积，以备灾害。强毋攘弱，众毋暴寡；老者以寿终，幼孤得遂长。今岁或不登，民食颇寡，其咎安在？或诈伪为吏，以货赂为市，渔夺百姓，侵牟万民。县丞，长吏也；奸法与盗盗，甚无谓也！其令二千石各修其职；不事官职、耗乱者，丞相以闻，请其罪。布告天下，使明知朕意。"

夏四月，汉景帝发布诏书，篇幅是长篇大论，腔调是痛心疾首，主题是老生常谈。无非还是说，奢侈品的制造和买卖耗费了太多人力物力，导致种田和纺织的劳动力不足，以至于今年粮食歉收，老百姓竟然缺乏口粮，责任到底在谁？总而言之，万事农为本。

赀四得官

原文：

五月，诏算赀四得官。

秋，大旱。

夏五月，又一道诏书颁布：做官的财产门槛降低，家产只要满四万钱就可以。

这条记载涉及当时的人才选拔制度，值得重视。汉文帝时代，家庭资产满十万钱的人才有资格做官。第三辑里讲过，张释之就是这样做上骑郎的。郎官需要自己解决置装费，不但穿着打扮不能差，马和鞍鞯也不能差，普通人家根本置办不起。而这些东西都是消耗品，郎官当久了，如果不能升迁的话，纯属赔本赚吆喝。[1] 那么，人才选拔为什么这样嫌贫爱富呢？因为当时的主流价值观认为，仓廪足而知荣辱，或者用俗

---

[1] 详见《资治通鉴熊逸版》（第三辑）第228讲。

话说，穷生奸计，富养良心——如果财富水平没达标，人品大概率就不达标。

那么，为什么汉景帝一下把财富标准降低了这么多呢？《资治通鉴》没讲，我们需要追溯到这条史料的原始出处——《汉书》。《汉书·景帝纪》收录了诏书全文，汉景帝的逻辑是这样的：朝廷想要选拔的是廉洁之士，既然廉洁，就一定都是清心寡欲、知足常乐的人，自然也就不可能太有钱。那么拿十万钱这个标准一卡，很多廉洁之士就不达标，而那些有市籍的人，也就是商人家庭，倒是达标，但没资格做官。所以，为了给廉洁之士提供更好的上升通道，财产标准就必须降低。

四万钱的家产在当时到底算怎样的经济水平，很难讲。如果汉文帝时代的十万钱家产属于中等家庭的话，那么四万钱显然就是中等偏下。虽然汉景帝的政策扩大了人才选拔范围，但只要郎官还得自己承担那些大额开销的话，压着线的那些家庭就必须勒紧裤带去赌前途。

当年秋天，旱灾又来了。《资治通鉴》以大旱作为本年度大事件的结尾，依据是《汉书·景帝纪》。而在《史记》里，旱灾之后，衡山国、河东郡、云中郡还有疫情肆虐。朝廷为了应对粮食歉收，把刘邦的陵

墓，也就是长陵一带的耕地租给了老百姓耕种。(《史记·孝景本纪》)

景帝驾崩

原文：

（三年）

冬，十月，日月皆食，赤五日。

十二月晦，雷，日如紫，五星逆行守太微，月贯天廷中。

春，正月，诏曰："农，天下之本也。黄金、珠、玉，饥不可食，寒不可衣，以为币用，不识其终始。间岁或不登，意为末者众，农民寡也。其令郡国务劝农桑，益种树，可得衣食物。吏发民若取庸采黄金、珠、玉者，坐赃为盗。二千石听者，与同罪。"

转过年来，景帝后三年（前141年），也就是景帝人生的最后一年，依旧看不到祥和的景象。新年伊始，太阳和月亮一连五天都是奇怪的赤红色。十二月，不该打雷的时候打雷，太阳变成了紫色，五大行星逆行，月亮的运行轨迹也很不正常。总之，天上最重要的七大元素——太阳、月亮和五大行星，古人称之为"七政"——不但通通表现异常，而且异常得前无古人，匪夷所思。假如这些天象不是后人以讹传讹、夸大其词的话，那么当时上到帝王将相，下到贩夫走卒，一定都惶惶不可终日。

但汉景帝似乎很淡定。他在春正月发布诏书，再次强调以农为本的核心精神，把粮食的欠缺归因于务农的人太少，从事工商之类"末业"的人太多。病因找出来了，该怎么对症下药呢？这次出台的政策很有新意，而且力度空前：官吏如果征发或者雇用百姓开采黄金珠玉的话，与盗贼同罪；二千石一级的高官如果听之任之，就同罪处置。

原文：

甲寅，皇太子冠。

甲子，帝崩于未央宫。太子即皇帝位，年十六。尊皇太后为太皇太后，皇后为皇太后。

二月，癸酉，葬孝景皇帝于阳陵。

三月，封皇太后同母弟田蚡为武安侯，胜为周阳侯。

正月甲寅日，皇太子刘彻举行加冠礼，标志他已经成年。正月甲子日，汉景帝驾崩于未央宫，年仅十六岁的太子刘彻继位，尊窦太后为太皇太后、王皇后为皇太后。

从太子加冠到景帝驾崩，中间不过十天。看来景帝当时知道自己已经不久于世，所以赶紧给太子举办了成人礼，为接班做准备。有一件事值得补充交代一下：景帝有遗诏，大发赏赐——赐给达官显贵倒没什么特别；放宫女回家，免除她们终身的赋税义务，也不算特别；特别之处是"天下户百钱"。这是《史记·孝景本纪》的原文，意思很可能是说，全天下每家每户都能得到一百钱的赏赐，真是天大的手笔。当然，景帝有这份心是一回事，这种规模的雨露均沾能不能真正落实下去，则是另外一回事，史料没有交代。

二月，汉景帝葬于阳陵。三月，新皇帝刘彻，也就是汉朝历史上最亮眼的汉武帝，做出了登基以来的第一项安排——不是什么民生大事，也不是什么政府机要部门的人事调整，而是给母亲王太后的两个同母异父弟弟封侯，封田蚡为武安侯、田胜为周阳侯。这怎么看都是一个糟糕的开始。

提纲挈领

原文：

班固赞曰：孔子称："斯民也，三代之所以直道而行也。"信哉！周、秦之敝，罔密文峻，而奸轨不胜。汉兴，扫除烦苛，与民休息；至于孝文，加之以恭俭；孝景遵业。五六十载之间，至于移风易俗，黎民醇厚。周云成、康，汉言文、景，美矣！

汉兴，接秦之弊，作业剧而财匮，自天子不能具钧驷，而将相或乘牛车，齐民无藏盖。天下已平，高祖乃令贾人不得衣丝、乘车，重租税以困辱之。孝惠、高后时，为天下初定，复弛商贾之律，然市井之子孙，亦不得仕宦为吏。量吏禄，度官用，以赋于民。而山川、园池、市井租税之入，自天子以至于封君汤沐邑，皆各为私奉养焉，不领于天子之经费。漕转山东粟以给中都官，岁不过数十万石。

本年度的大事件到此就全部结束了。不过，司马光又留出很大篇幅引用司马迁和班固对汉朝自开国到汉武帝这段历史的综述和评价。他先是盛赞文景之治的伟大成就，然后忆苦思甜，说刚刚建国时，从上到下都是一穷二白，连皇帝都凑不齐四匹毛色一样的马来拉车，将相还有乘坐牛车出行的，平民百姓就更不用说了。所以，在天下平定之后，刘邦对商人特别苛刻，为的就是让全民投入农业生产。等到惠帝和吕后执政期间，对商人的限制虽然放宽了一些，但还是禁止商人的子孙做官。政府开支量入为出，尽可能不去增加老百姓的负担。有爵位的人，各有各的封地，并不依靠中央财政供养。关东地区每年运送到长安的粮食只有几十万石,仅供朝廷官员消费。

原文:

继以孝文、孝景,清净恭俭,安养天下,七十余年之间,国家无事,非遇水旱之灾,民则人给家足。都鄙廪庾皆满,而府库余货财;京师之钱累巨万,贯朽而不可校;太仓之粟陈陈相因,充溢露积于外,至腐败不可食。众庶街巷有马,而阡陌之间成群,乘字牝者摈而不得聚会。守闾阎者食粱肉,为吏者长子孙,居官者以为姓号。故人人自爱而重犯法,先行义而后诎辱焉。

到了文帝、景帝的时代,清净无为,让天下恢复生机,皇帝还带头勤俭节约,所以直到武帝继位的最初几年,一连七十多年国家无事,除非遇到水旱之灾,否则都是家给人足的样子。无论城乡,仓库都是满当当的。国库储存的钱太多了,用也用不完,穿钱的绳子都烂掉了。粮食储备也吃不完,在仓库里一层一层往上堆,堆得都溢出来腐坏了。总之,国家很富裕,民间也很富裕。不但富裕,而且社会安定,一个基层办事员可以在自己的岗位上优哉游哉过一辈子,职位的名称甚至因此变成了自家的姓氏。于是,人人都很珍惜现在的生活，不敢轻易触犯法律。

原文：

当此之时，罔疏而民富，役财骄溢，或至兼并；豪党之徒，以武断于乡曲。宗室有土，公、卿、大夫以下，争于奢侈，室庐、舆服僭于上，无限度。物盛而衰，固其变也；自是之后，孝武内穷侈靡，外攘夷狄，天下萧然，财力耗矣！

但是，安定和富裕也会生出弊端。正是在这一时期，法网宽松，人民富裕，骄奢淫逸就开始了。随着土地兼并，土豪取代官府成了本乡本土的话事人。皇亲国戚和达官显贵更加过分，在物质享受方面竞相攀比，完全不顾礼制，跟皇帝平起平坐。

当然，盛极而衰是事物发展的客观规律。汉武帝一上台，局面就急转直下——对内穷奢极欲，对外开疆拓土，结果天下萧然，祖上几代人积攒的财力被消耗殆尽。

如果我们只想对历史有个泛泛的了解，或者有个纲领性的了解，那么这段内容确实言简意赅，很有价值。但是，社会是复杂的，人也是复杂的，复杂的人书写复杂的社会，到底能在多大程度上做出准确的刻画呢？我们既然有了对史料逐年硬啃的基础，再看这段综述，自然会觉得似是而非，疑窦丛生。最难理解的一点就是：文帝、景帝父子两代，又是内忧，又是外患，怎么能一连几十年国家无事？同样令人费解的是，汉景帝执政的最后两年，不是才下诏说粮食歉收、储备不足吗？如果财力这时就已被消耗光了，又怎么轮得到汉武帝胡乱糟蹋呢？而如果国库的存粮和存钱真有那么多，多到串钱的绳子都烂掉了，溢出的粮食都腐坏了，汉景帝哪还至于颁布那么严厉的劝农诏书呢？

那么，到底该相信哪些话？问题到底出在哪儿呢？值得深思。

汉纪九

公元前 140 年至公元前 134 年

世宗孝武皇帝上之上

汉武帝建元元年

051
汉武帝继承了怎样的家庭遗产

原文：

起重光赤奋若，尽强圉协洽，凡七年。

这一讲进入《资治通鉴》第十七卷。文景之治结束，一个新的时代开始了。这一卷是"汉纪九·世宗孝武皇帝上之上"，"世宗"是汉武帝的庙号，"孝武"是汉武帝的谥号，后人习惯以谥号来称呼他。

汉武帝逾年改元的第一年，称为建元元年（前140年）。使用年号纪年，确实是汉武帝的创举，但真正使用年号纪年还要等到若干年后。现在以"建元"纪年，是因为人们在年号规范确立之后追叙历史，才用这个前缀以示区别。在当年,人们仅把这一年当成现任皇帝的元年。

将来雄才大略、不可一世的汉武帝,现在还只是一个十七岁的少年。我们先来盘点一下他继承的是怎样一份家庭遗产。

《平准书》

《资治通鉴》在上一卷的结尾引用《史记》《汉书》,给文景时代做了总结和评述,引用的第一段内容来自《汉书·景帝纪》结尾的赞语——"赞"作为古代的一种文体,顾名思义,内容是以赞美为主。班固为《景帝纪》写的赞语,概述了汉朝开国以来的政治主旋律,那就是化繁为简,息事宁人;到文帝时代,又增加了节俭的元素;景帝继续上述政治步调。五六十年之间,汉朝移风易俗,民风淳厚。

司马迁写《史记》,在篇章结尾也会做总结,但不叫"赞",而叫"太史公曰"。《史记·孝景本纪》结尾的"太史公曰"和班固的"赞"完全不是一个调性。司马迁对汉景帝的评价并不太高。

司马光并没有采录司马迁的这段评语,而是从《史记·平准书》中节选了很长一段内容。《平准书》

讲的是汉武帝时代平准政策的来龙去脉。所谓平准，就是平抑天下物价。司马迁提到，武帝即位初年，从官府到民间都很富裕，这应该是几代人持之以恒积累财富的结果。

但问题是，我们沿着《资治通鉴》的编年次序，看到的明明是今年地震，明年干旱，时不时就来一道诏书说粮食储备不足，责成各级官吏紧抓农业生产。如果从官府到民间都很富裕，应对水旱之灾应该完全不成问题啊。

《史记·平准书》是一篇综述性质的文章，问题大概有两点：一是关中和关东的不均衡发展被忽视了，《平准书》里的富庶社会有可能是关中的样子，而关东地区要弱很多，这是强干弱枝[1]；二是《平准书》夸大了美好的一面，或许是因为要批评汉武帝劳民伤财，所以对文景之治的成就做了拔高和美化——这也许不是司马迁个人的问题，而是武帝一朝的人对"美好往昔"的集体镀金。

20世纪70年代，湖北江陵凤凰山出土一批汉代简牍，其中十号墓里的简牍体现了当地的赋税记录。古文字学家裘锡圭先生考证，墓葬的所在地凤凰山，在

---

[1] 详见后文第065讲。

汉代应当是南郡郡治江陵城的郊区。景帝前二年（前155年），一天之间封六名皇子为王，其中刘阏受封临江王。刘阏在位三年，死后封国废除，后来临江国又改封给废太子刘荣。这批简牍大概有不少是刘阏临江国时代的东西。（裘锡圭《湖北江陵凤凰山十号汉墓出土简牍考释》）秦开凤先生进一步推断，简牍记载的账目属于"七国之乱"爆发的时间段。值此非常时期，当地政府预征了未来好几年的算赋。（秦开凤《汉代算赋定额的探讨》）也就是说，至少在"七国之乱"时，朝廷的财物储备并不足以支撑这场战争，因而出现寅吃卯粮的情况，那么，等真到"卯"年，难道还能"京师之钱累巨万……太仓之粟陈陈相因"吗？

再者，汉景帝并没有继承汉文帝身上的节俭精神，根据《史记·平准书》的记载，朝廷有两个新增的开支项目：一是开设牧场，饲养战马；二是扩大皇家的建筑和车马规模。这都是非常耗费人力物力的事情。

钱币储备

但是，我们也不能完全否认汉武帝执政初期钱粮储备充足的可能性，因为仍然可以找到一些历史线索。

先说钱。文帝时代最大的铸钱来源有两个，一是吴王刘濞,二是邓通。他们守着储量丰富的铜矿,招募大量人手采山铸钱。到了景帝时代,景帝早就看不惯邓通,找个理由免了他的职,又治他的罪,把他的家产全部充公。(《史记·佞幸列传》)"七国之乱"平定以后,关于吴国的铜矿如何处置,史料中没有留下明确记载,但吴国被严重削弱,朝廷对吴国的控制力大大加强,诸侯王也丧失了治国的权力。而且就在景帝中六年(前144年),也就是梁王刘武过世的那一年,朝廷制定了一项新的法律,禁止民间铸钱和炼金,违令者死。

这段内容出自《汉书·景帝纪》,原文是"定铸钱伪黄金弃市律",有一点语焉不详。应劭的注释里解释了"伪黄金"是怎么回事:当时社会上有很多人尝试制造假黄金,但怎么造都不像,最后赔光本金,走投无路之下就铤而走险,当盗贼去了,所以景帝才颁布了这部新法。([清]王先谦《汉书补注·景帝纪》)

至于"铸钱",《史记·平准书》给出的线索是:吴王刘濞和邓通铸造的铜钱遍布天下,于是产生了禁止铸钱的法令。这里所谓禁止铸钱的法令,指的应该就是"定铸钱伪黄金弃市律"。

汉景帝应该意识到了,掌控财权是提升中央集权的关键一环,如果管不住钱,自然就管不住人。所以,在原属邓通和吴王刘濞的铜矿被朝廷控制之后，铸钱的速度是可以很快的，那么积累到汉武帝初年，"京师之钱累巨万"，连穿钱的绳子都烂掉了，倒也不是不可想象。

粮食储备

钱币储备的来源有了，我们再来看粮食储备的来源。线索还是在《史记·平准书》里。晁错那套"入粟拜爵"的方案看来起到了作用。虽然还是防不住匈奴，但边境屯戍已初具规模，民间以运粮换取爵位，最高可以换到大庶长这个级别。大庶长是第十八级爵位，再往上一级就是关内侯，然后就是爵位系统的最高一级——彻侯，后来为避汉武帝刘彻的名讳，改称列侯。

前文讲过，爵位具有金融属性，相当于一种信用货币，所以也会发生通货膨胀的情况。爵位越给越多，越发越滥，自然就越来越不值钱，并不像晁错说的，只要皇帝一开口，爵位要多少有多少，所以拿爵位换粮食如同空手套白狼。[1] 不过，就算皇帝明白这个道理，

---

1 详见前文第012讲。

但站在他的角度，通货膨胀的隐患毕竟不会马上爆发，不如先解燃眉之急再说。所以，在上郡以西发生旱情后，为了刺激民间有粮食储备的人主动运粮到边郡灾区，朝廷修订了卖爵令，爵位打折卖。

除此之外，还有"及徒复作，得输粟县官以除罪"，这是《史记·平准书》的原话。"徒"指的是正在服刑的犯人，"复作"是个法律术语，到底应该怎么理解，至今没有定论，最有可能成立的解释有两种：一是指有期徒刑当中最轻的一级，刑期在三个月到一年。（刘洋《汉代"复作"徒考辨》）二是指正在服刑的犯人获得减刑，恢复了平民身份，不再披枷带锁穿囚衣了，但还要继续在官府劳作，直到刑期结束。重刑犯如果遇到大赦，并不是直接出狱回家，而是被减免为这个"复作"。

当然，这是一般情况，当遇到旱灾这种特殊情况时，汉景帝会额外给出优惠政策，正在复作阶段的人可以交粮食来抵消惩罚，也就是说，只要交足规定数额的粮食，就不用再给官府劳作了，可以直接回家。（邬文玲《走马楼西汉简所见赦令初探》）当然，正在复作阶段的人应该没有上交粮食的能力，大概要由家属代劳。

以今天的眼光看，汉景帝为了粮食储备已经有点不择手段。大概只有像周亚夫那种汉景帝必欲除之而后快的人，才没办法通过上交粮食来免罪。粮食就是硬通货，不但可以换钱，还可以买到公平与正义。

既然粮食这么管用，土地兼并就变成一件特别有利可图的事情。谁的土地多，粮食多，谁就有了横行霸道、违法乱纪的特权，所以才会有司马迁形容的"当此之时，网疏而民富，役财骄溢，或至兼并豪党之徒，以武断于乡曲"（《史记·平准书》）。"武断"这个词就是这么来的。它的本义是说凭借武力裁断是非曲直。而一个人在本乡本土有"武断"的能力，就是土地兼并的结果。

土地兼并的加剧，意味着编户齐民的减少，也就意味着朝廷税基的萎缩。但朝廷对此大概也不在意，因为从晁错当初那些奏疏来看，政府的征税能力相当有限，索性让大地主、大商人直接交粮食换好处。那么，一方面编户齐民在减少，另一方面朝廷又给出轻徭薄赋的政策，这很容易导致政府能够直接征发的人力不够，该怎么办呢？

有办法，线索就在官营牧场的运作模式里。前文讲过，汉景帝在边郡设置三十六所马场，归太仆管理，有官方奴婢三万人，养马三十万匹。那么平均来看，每座马场有近千名奴婢，养马近万匹，规模惊人。[1] 轻徭薄赋针对的是编户齐民中的平民百姓，这些人大可以少服兵役，少服徭役，没关系，反正朝廷有很多奴隶可用，还有服刑中和复作中的犯人。

朝廷哪儿来的这么多奴隶呢？钱穆先生推测说，自耕农如果卖掉土地，变成给地主种田的佃农，却承担不起人头税和劳役、兵役的责任，同时却既不愿逃亡，又不愿卖身为奴的话，就会被政府没收为官奴婢。这是汉代奴婢最大的来源。（钱穆《中国文化史导论》）钱穆先生的这个说法，只是估测，并不是定论。

在民间，豪门富户大搞土地兼并，充分享受三十分之一的低税率，有余粮就可以换爵位或者免罪。被兼并的人家或做了兼并者的佃农，或卖身为奴，或去别处另寻雇主。如果依然种田的话，他们大约要拿出一半的收成交租，但政府就很难再找他们的麻烦了，若是主仆相得，倒也可以其乐融融。

这就是汉武帝接手的庞大遗产。

---

[1] 详见前文第046讲。

052
董仲舒怎么论述天人感应

汉武帝建元元年（前140年）是汉武帝逾年改元，以自己的名义实施统治的第一年。他在新年伊始的第一项政策，就在整个中国历史上有了划时代的意义。

原文：

（建元元年）

冬，十月，诏举贤良方正直言极谏之士，上亲策问以古今治道，对者百余人。

冬十月，汉武帝下诏，要求举荐人才。参照《汉书·武帝纪》，诏书是下达给从中央到郡国的高级官员的，让他们推荐所谓"贤良方正直言极谏之士"——"贤良方正"大体相当于德才兼备，"直言极谏"大体相当于有话直说。

新君登基要搞人才海选，这倒没什么特别的。被推荐上来的有一百多人，皇帝会以书面形式向他们提出问题，称为"策问"——字面上看起来是求教，其实相当于考试。对策问给出答案，称为"对策"——现代汉语里的"对策"一词就是这么来的。在这一批参加海选的人当中，答卷最出色的是景帝朝博士官、广川人董仲舒。董仲舒时代的广川到底是哪里，至今也没搞清楚，有好几个地方争当董仲舒故里。（王永祥《董仲舒评传》）

董仲舒提交的对策很受重视，于是汉武帝发出第二份策问，如是者三。在三份对策中，董仲舒充分阐释了宇宙的终极真理，论证了天道和人世的关系，因此这三份对策合称"天人三策"，奠定了武帝一朝的主流意识形态。

因为"天人三策"无与伦比的重要性，所以我们才会在《资治通鉴》当中看到司马光的大段摘抄，篇幅之巨，前所未有。不过，这只是节选，而且删掉了汉武帝的提问，《汉书》的记载则更全面，也更长。所以，接下来四讲，我们将按《汉书·董仲舒传》的脉络，展开聊聊"天人三策"。

原文：

广川董仲舒对曰："道者，所繇适于治之路也，仁、义、礼、乐，皆其具也。故圣王已没，而子孙长久，安宁数百岁，此皆礼乐教化之功也。夫人君莫不欲安存，而政乱国危者甚众；所任者非其人而所繇者非其道，是以政日以仆灭也。夫周道衰于幽、厉，非道亡也，幽、厉不繇也。至于宣王，思昔先王之德，兴滞补敝，明文、武之功业，周道粲然复兴，此夙夜不懈行善之所致也。

"孔子曰：'人能弘道，非道弘人。'故治乱废兴在于己，非天降命，不可得反；其所操持悖谬，失其统也。为人君者，正心以正朝廷，正朝廷以正百官，正百官以正万民，正万民以正四方。四方正，远近莫敢不壹于正，而亡有邪气奸其间者，是以阴阳调而风雨时，群生和而万民殖，诸福之物，可致之祥，莫不毕至，而王道终矣！

"孔子曰：'凤鸟不至，河不出图，吾已矣夫！'自悲可致此物，而身卑贱不得致也。今陛下贵为天子，富有四海，居得致之位，操可致之势，又有能致之资，行高而恩厚，知明而意美，爱民而好士，可谓谊主矣。然而天地未应而美祥莫至者，何也？凡以教化不立而万民不正也。夫万民之从利也，如水之走下，不以教化堤防之，不能止也。古之王者明于此，故南面而治天下，莫不以教化为大务。立太学以教于国，设庠序以化于邑，渐民以仁，摩民以谊，节民以礼，故其刑罚甚轻而禁不犯者，教化行而习俗美也。圣王之继乱世也，扫除其迹而悉去之，复修教化而崇起之；

教化已明，习俗已成，子孙循之，行五六百岁尚未败也。秦灭先圣之道，为苟且之治，故立十四年而亡，其遗毒余烈至今未灭，使习俗薄恶，人民嚚顽，抵冒殊扞，熟烂如此之甚者也。窃譬之：琴瑟不调，甚者必解而更张之，乃可鼓也；为政而不行，甚者必变而更化之，乃可理也。故汉得天下以来，常欲治而至今不可善治者，失之于当更化而不更化也。

"臣闻圣王之治天下也，少则习之学，长则材诸位，爵禄以养其德，刑罚以威其恶，故民晓于礼谊而耻犯其上。武王行大谊，平残贼，周公作礼乐以文之；至于成、康之隆，囹圄空虚四十余年：此亦教化之渐而仁谊之流，非独伤肌肤之效也。至秦则不然，师申、商之法，行韩非之说，憎帝王之道，以贪狼为俗，诛名而不察实，为善者不必免而犯恶者未必刑也。是以百官皆饰虚辞而不顾实，外有事君之礼，内有背上之心，造伪饰诈，趋利无耻；是以刑者甚众，死者相望，而奸不息，俗化使然也。今陛下并有天下，莫不率服，而功不加于百姓者，殆王心未加焉。曾子曰：'尊其所闻，则高明矣；行其所知，则光大矣。高明光大，不在于他，在乎加之意而已。'愿陛下因用所闻，设诚于内而致行之，则三王何异哉！

"夫不素养士而欲求贤，譬犹不琢玉而求文采也。故养士之大者，莫大摩太学；太学者，贤士之所关也，教化之本原也。今以一郡、一国之众对，亡应书者，是王道往往而绝也。臣愿陛下兴太学，置明师，以养天下之士，数考问以尽其材，则英俊宜可得矣。今之郡守、县令，民之师帅，所使承流而宣化也；故师帅不贤，则主德不宣，恩泽不流。今吏既亡教训于下，或不承用主上之法，暴虐百姓，与奸为市，贫穷孤弱，冤苦失职，甚不称陛下之意；是以阴阳错缪，氛气充塞，群生寡遂，黎民未济，皆长吏不明使至于此也！

"夫长吏多出于郎中、中郎、吏二千石子弟，选郎吏又以富訾，未必贤也。且古所谓功者，以任官称职为差，非谓积日累久也；故小材虽累日，不离于小官，贤材虽未久，不害为辅佐，是以有司竭力尽知，务治其业而以赴功。今则不然。累日以取贵，积久以致官，是以廉耻贸乱，贤不肖浑淆，未得其真。臣愚以为使诸列侯、郡守、二千石各择其吏民之贤者，岁贡各二人以给宿卫，且以观大臣之能。所贡贤者，有赏；所贡不肖者，有罚。夫如是，诸吏二千石皆尽心于求贤，天下之士可得而官使也。遍得天下之贤人，则三王之盛易为而尧、舜之名可及也。毋以日月为功，实试贤能为上，量材而授官，录德而定位，则廉耻殊路，贤不肖异处矣！

"臣闻众少成多，积小致巨，故圣人莫不以晦致明，以微致显。是以尧发于诸侯，舜兴摩深山，非一日而显也，盖有渐以致之矣。言出于己，不可塞也；行发于身，不可掩也。言行，治之大者，君子之所以动天地也。故尽小者大，慎微者著。积善在身，犹长日加益而人不知也；积恶在身，犹火销膏而人不见也。此唐、虞之所以得令名而桀、纣之可为悼惧者也。

"夫乐而不乱，复而不厌者，谓之道。道者，万世亡敝；敝者，道之失也。先王之道，必有偏而不起之处，故政有眊而不行，举其偏者以补其敝而已矣。三王之道，所祖不同，非其相反，将以救溢扶衰，所遭之变然也。故孔子曰：'无为而治者其舜乎！'改正朔，易服色，以顺天命而已；其余尽循尧道，何更为哉！故王者有改制之名，亡变道之实。然夏尚忠，殷尚敬，周尚文者，所继之救当用此也。孔子曰：'殷因于夏礼，所损益可知也；周因于殷礼，所损益可知也；其或继周者，虽百世可知也。'此言百王之用，以此三者矣。夏因于虞，而独不言所损益者，其道一而所上同也。道之大原出于天，天不变，道亦不变，是以禹继舜，舜继尧，三圣相受而守一道，亡救敝之政也，故不言其所损益也。繇是观之，继治世者其道同，继乱世者其道变。

"今汉继大乱之后，若宜少损周之文致，用夏之忠者。夫古之天下，亦今之天下，共是天下，以古准今，壹何不相逮之远也！安所缪盩而陵夷若是？意者有所失于古之道与，有所诡于天之理与？

"夫天亦有所分予：予之齿者去其角，傅其翼者两其足，是所受大者不得取小也。古之所予禄者，不食于力，不动于末，是亦受大者不得取小，与天同意者也。夫已受大，又取小，天不能足，而况人虖！此民之所以嚻嚻苦不足也。身宠而载高位，家温而食厚禄，因乘富贵之资力以与民争利于下，民安能如之哉！民日削月朘，寖以大穷。富者奢侈羡溢，贫者穷急愁苦；民不乐生，安能避罪！此刑罚之所以蕃而奸邪不可胜者也。天子大夫者，下民之所视效、远方之所四面而内望也。近者视而放之，远者望而效之，岂可以居贤人之位而为庶人行哉！夫皇皇求财利，常恐乏匮者，庶人之意也；皇皇求仁义，常恐不能化民者，大夫之意也。易曰：'负且乘，致寇至。'乘车者，君子之位也；负担者，小人之事也。此言居君子之位而为庶人之行者，患祸必至也。若居君子之位，当君子之行，则舍公仪休之相鲁，无可为者矣。

"春秋大一统者，天地之常经，古今之通谊也。今师异道，人异论，百家殊方，指意不同，是以上无以持一统，法制数变，下不知所守。臣愚以为诸不在六艺之科、孔子之术者，皆绝其道，勿使并进，邪辟之说灭息，然后统纪可一而法度可明，民知所从矣！"

第一道策问

事实上，汉武帝的问题很重要。第一道策问的大意是：听说五帝三王之道是完美的政治法则，所有的统治者都照方抓药，而在圣王都死了之后，大道出现裂痕，世道就越来越糟糕了。从那时到周朝后期，五百多年间，不乏有识之士想要恢复先王的政治秩序，但没一个成功，反而每况愈下，最后被秦始皇这个大暴君统一天下。这到底是为什么？难道说这些所谓的先王之道并不可靠吗？或者天命是一种不可逆的自然规律，必须衰败到极致才能重新向好吗？如果真是这样，那么再怎么努力推行上古之道，都注定是徒劳的吗？所谓夏、商、周领受天命，有何证据？灾异的出现又有何理由？人有的夭折，有的长寿，有的仁慈，有的粗俗，到底是为什么呢……

提问之后，还有一番叮嘱，要求答卷之人一定要注意"取之于术，慎其所出"，也就是观点也好，论据也罢，都要有可靠且正当的出处。这个要求特别耐人寻味。如果有人拿《韩非子》当论据，显然不合适。拿《老子》当论据，也只是一家之言——即便汉初以黄老之道治国，《老子》依然算不上严格意义上的经典。我们熟悉的《论语》，虽然文帝朝为它专门设了博士官,但只被当成学生笔记汇编,《孟子》也只是一家之言,没有经典地位。这些书只能给论证敲敲边鼓,不能打主力。所谓严格意义上的经典,其实只有儒家推崇的《诗经》《尚书》一类,那才是上古圣王传下来的东西,基本没有争议。即便是法家,就算认为这些过时了,也不能否认它们的经典地位。

因为孔子是传承圣王经典的枢纽性人物,所以,被认为是他亲笔撰述的《春秋》,地位越来越崇高。景帝一朝,胡毋生、董仲舒先后成为《春秋》博士官,而这两位名家的学术出身都是《春秋》公羊学。

提问的倾向

了解了这些背景知识,再看策问的问题和叮嘱,就会发现有两点特别值得留意。

第一,以今天的标准来看,这是把政治问题上升到哲学高度,纯属庸人自扰。而在当时,政治问题如果求不出哲学解释,人就不踏实。

人天生就爱追求确定性。在科学昌明的今天,各种迷信照样大行其道,是因为科学和理性只能在狭小的范围内给有限的问题提供确定性。而在这个范围之外,还有很多重要的问题,会让人陷入一种疑神疑鬼、七上八下的焦虑状态。而且，不同迷信存在着竞争关系，谁能把哲学解释做得扎实，谁的赢面就大。政治哲学的竞争也是一样的道理，因为利益更大，竞争的激烈度也就更高。

第二，策问提出的问题貌似公允，不带立场，但只要熟悉儒学的话术，我们就能看出，它对儒家的政治哲学有暗含的倾向性。政治嗅觉敏锐的人，应该能在第一时间捕捉到政策转向的信号，不论自己真实的政治倾向是什么，只要站在儒家立场回答问题，功名利禄就近在眼前。

受命之符

董仲舒是研究《春秋》的专家，答卷开宗明义，指出一条从《春秋》总结出来的历史规律：但凡国家偏离正确轨道，上天就会降下灾害作为批评和警示；统治者如果不知反省，上天就会显示怪异事件，作为严厉批评和警示；如果统治者这时依旧不知悔改，国家才会败亡。这就可以充分地看出，上天对于统治者是怀着仁爱之心的：只要不是极度无道的政治局面，上天总会关照一下，扶持一下；统治者只要努努力，局面终究会好起来。

那么，如何判断一个人是不是上天眷顾的统治者呢？很简单，祥瑞现象就是判断标准，因为这是人力所不能及的。当一个人得到天下人的衷心拥戴，这份挚诚就会触发祥瑞。《尚书》明确记载，白鱼跳进了周武王的船，又有火覆盖周武王的住处，然后化身为鸟，这些就是周武王的"受命之符"。

所谓"受命之符"，约等于祥瑞，相当于上天相中了一个人做人间的统治者，给他做的盖章认证。董仲舒从《尚书》当中搬出证据，似乎铁证如山，但其实存在四个疑点：

第一，只有在儒家内部，人们才会对这些记载笃信不疑。

第二，即便是在儒家内部，孟子也说过"尽信书则不如无书"，这里的"书"，指的就是《尚书》。

第三，即便对《尚书》可以毫无保留地相信，董仲舒引述的内容到底是不是出自《尚书》的可靠版本，也不好说。

第四，火变成鸟，的确很离奇，但白鱼跳进船里，这难道不是正常现象吗？

最后一个疑点可以解释。古代学者把白鱼事件越传越神，甚至说鱼眼睛底下有红色的字，写明纣王可伐。（《宋书·符瑞志》）不过在董仲舒提交对策的当时，没人会对经典文献这么较真。总之，董仲舒向汉武帝说明，只要是上天认定的统治者，一定会有"受命之符"。这些话应该深深打动了十七岁的汉武帝，因此，他拿出了很大的决心、架势，来追求自己的"受命之符"。

天人感应

董仲舒斩钉截铁地解答了汉武帝关于天命的疑问。在天命观念里，和祥瑞对应的还有灾异。董仲舒讲，统治者骄奢淫逸，失去统治力，导致诸侯背叛，虐杀良民，争夺土地，抛弃道德教化，滥用刑罚。刑罚过度就滋生邪气，邪气在下层聚集，仇怨在上层酝酿，上下不和，导致阴阳错乱，妖孽出现，这就是灾异发生的原因。

在董仲舒的观念里，上天并不是一位标准意义上的人格神，而更像是一种自然力，虽说它有自己的偏好，但在表现形式上，实在很难看出什么人格特点。这样一来，统治者只要让自己的心态和执政方针完全顺应这种自然力，就会显现美好的奇迹，反之就会显现糟糕的迹象。

如果一定要把上天当成人格神，倒也不是不可，只不过需要注意，他有一个显著的特点：情绪高度稳定，稳定得就像自然规律一样。什么事会在多大程度上哄他开心，什么事会在多大程度上惹他生气，这类问题，你只要用心，就不难预测他的反应。换句话说，你只要认真学习董仲舒的这套儒家学术，那么对你来说，老天爷从此再也不会"天意从来高难问"，而是变成一个小透明。

这个可爱的小透明，最醒目的特征就是"阴阳"。董仲舒的原话是："天道之大者在阴阳。"什么是阴阳？一天当中有昼有夜，这当然算，但不是最显著的。最显著的表现形式，董仲舒的原话是这么说的："阳为德，阴为刑，刑主杀而德主生。"意思是，阳是生命的力量，阴是毁灭的力量，阴阳虽然相辅相成，但并不是五五开，而是以阳为主，以阴为辅，所以万物始终生生不息。天道既然是阳主阴辅，人道就应当模仿天道，德主刑辅。也就是说，正确的执政方针应当以道德教化为主，以刑罚为辅，千万不能反过来。秦政错就错在只用刑，不用德，这就好比大自然只有秋冬的肃杀而没有春夏的生养，当然长久不了。董仲舒在这里点了汉武帝一下：咱们汉帝国也呈现出了刑大于德的倾向，如果您沿着这条歪路继续走下去，那可危险了。

董仲舒的这番话非常重要，"天人感应"理论从此就要大行其道。

053
董仲舒有哪些治国方案

德主刑辅的观点，到底是怎么论证出来的呢？温带地区，春夏和秋冬的时长差不多，为什么阴阳不是五五开呢？为什么德和刑不能双管齐下、并驾齐驱呢？

春王正月

关于天道为什么是阳主阴辅，董仲舒的论证其实有点乏力，但人间政治德主刑辅，这可有《春秋》大义作为理论支撑。董仲舒说自己认真研究了《春秋》的文本，认为《春秋》一开头的"春王正月"四个字大有深意。

以正常人的眼光来看，所谓"春王正月"，不过是编年史所必备的时间坐标，说明这是春天，论月份的话，是周王室历法当中的正月。但我们来看看董仲舒是怎么做学问的：探求王道的本源，找到的是"正"，统治者必须端正自己，走正道。然而，在"春王正月"这四个字里，"正"字仅仅排在第三位，第二位是"王"，第一位是"春"。为什么要把"春"放在开头呢？因为"春"是天的所作所为，"王"要做的就是效法上天，跟天道合拍，就是"正"。这样，太平盛世就指日可待。

董仲舒这是把"正月"的"正"转换成了"正确"的"正"。怎么才是"正"呢？就是和"春"合拍。《春秋》给出的时间坐标，是把"春"摆在开头，这就说明天道是以生机蓬勃的"春"为主，万物肃杀的"秋"只是辅助手段。

今天看到这样的论证，我们一定会惊呼："天啊，做学问竟然可以这样！"但我们要知道，董仲舒代表了当时儒学的最高水平，并以此培养出大批弟子，没少为建设汉帝国这座大厦添砖加瓦。和走江湖的算命先生不同，董仲舒真诚地相信自己这套理论，相信它的解释力和预测力。后来汉武帝"罢黜百家，独尊儒术"所说的儒术，其实就是董仲舒这套理论，如果拿我们熟悉的《论语》《孟子》去理解，那就理解歪了。

把天道和人事的关系说清楚之后，就该阐述人要如何发挥主观能动性了。董仲舒引用了孔子的名言：

"人能弘道，非道弘人。"正确的政治方案并不会自我实现，一定需要人来推动，所以关于政治的治乱兴废，统治者必须在自己身上找原因。

"一元"理论

那么，皇帝到底该怎么做呢？董仲舒搬出《春秋》的"一元"理论。

《春秋》的文本本身只是鲁国的一部编年史——如果和《资治通鉴》这种编年史相比，《春秋》只能叫鲁国编年史大纲。但是，当时有不少儒家学者相信，《春秋》是孔子唯一的著作，有一字之褒，一字之贬，字缝里藏满宇宙真理。该怎么把这些隐而不宣的真理，也就是《春秋》大义，发掘出来呢？于是，阐释学就应运而生了。

当时的《春秋》阐释学分为两大派系，一派以传说中的公羊高为祖师，一派以传说中的穀梁赤为祖师。各自口传心授，最后将阐释性的内容集结成两部文本，一部叫作《春秋公羊传》，一部叫作《春秋穀梁传》——它们和以叙事见长的《春秋左氏传》一道，合称"《春秋》三传"。按照学术谱系，董仲舒算是公羊学派，但他的学术见解其实已自成一派。

《春秋》既然是编年史，那么其中最基本的记事元素就是编年。全书记录的第一年是鲁隐公元年，按说这不过是一个时间坐标，没什么微言大义，但公羊学最突出的学术特点就是"于无声处听惊雷"，指着"元年"的"元"字就说起来："既然是鲁隐公执政的第一年，为何不叫'一年'，而叫'元年'呢？大有深意，大有深意啊！"

到底有什么深意，董仲舒在答卷的第一段就开始剖析：如果只是序数词"一"，那就仅仅是个序号，没有任何意义。但一个"元"字，马上就把问题上升到哲学高度，意味着搞政治一定要格外重视事物的开端，追溯那个影响着万事万物的原点。最高统治者的心就是世界的原点，只要"正心"，就会依次正朝廷，正百官，正万民，正四方，正宇宙万物。当宇宙万物充盈正气之后，邪气自然就无处容身，于是阴阳和谐，风调雨顺，万物繁衍生息，世界各个角落里的人类部族都会来臣服，所有的祥瑞都会出现，王道就是这样实现的。

儒家虽然也分门派，但上面这个逻辑算是各门各派的基本共识。以我们今天的知识水平来看，其破绽显而易见。儒家思想诞生于宗法土壤，宗法社会是熟人社会，大家长只要正心诚意，就会感染到身边的老婆孩子，进而感染到最近的亲戚朋友，被感染的人又会把这份感染力逐渐向外传递——论证到这一步还没有问题，但是，感染力的传递效能是有限的，当社会的规模突破临界值，熟人社会变成陌生人社会时，这套逻辑就行不通了。

要想实现儒家的这种政治理想，倒也不是全无办法：可以化整为零，鼓励诸侯国自治，鼓励乡村自治。但是，这和中央集权的大趋势显然背道而驰。

当然，这是董仲舒的历史局限性，不该苛责，而他的对策之所以能够脱颖而出，不难找到原因。首先，"一元"理论恰恰切中汉武帝即位的新纪元，这对年仅十七岁的汉武帝来说，励志色彩特别浓烈；其次，正本清源之后，核心治国要领无非就是"正心"二字，看上去实在不难做到——汉武帝在"元年"这稍纵即逝的时间窗口，掌握了"正心"这简便易行的治国纲领，正跃跃欲试，大展宏图；最后，在恰当的时机，运用恰当的办法，一定会达到怎样的目标呢——董仲舒把这个目标描绘得特别引人入胜，好像近在眼前。

举荐贤才

汉武帝看来被董仲舒的对策打动了，发出第二道策问，主题有两个：

第一，听说舜圣人垂拱而治，优哉游哉就把天下治理好了，但周文王忙得不可开交，也把天下治理好了，那治理天下到底有没有一定之规呢？

第二，我认为治国的关键在于农业，但我现在能用的办法都已用尽，也没见有多大的成效，问题到底出在哪儿呢？

董仲舒又是一番长篇大论，说舜圣人继承的是尧圣人的政治遗产，自然可以垂拱而治，而周文王要清理商纣王的烂摊子，那就必须操心劳神。当下政治之所以存在弊端，一是因为皇帝对民生问题还不算太上心，二是因为人才选拔方式有所偏颇。

重点是第二项人才选拔方式。董仲舒说，现在高级官员大多出身郎官，而郎官的来源，要么是二千石官员的子弟，要么是家产达标的家庭，这些人只是出身好，但未必就品德好、有才干。而且升迁标准也有问题，"累日以取贵，积久以致官"，只是论资排辈而已，政治局面怎么好得起来呢？不妨做个改变，让诸侯、郡守、二千石级别的高级官僚，每年从各自管辖的官吏和百姓中举荐两名贤才入宫充当郎官。被举荐人的贤能与否，一定要和举荐人的赏罚挂钩。这么一来，举荐者都会尽心尽力，朝廷就可以遍得天下贤才，尧舜时代的盛世就可以重现人间。

从这段内容来看，董仲舒也反对论资排辈，重视赏罚的作用，知道通过赏罚来调动人的主观能动性。

推行教化

第二份对策提交上去，汉武帝的第三道策问又来了，核心意思是：前面没讲透，您再往深里讲讲。这就引出了董仲舒的第三份对策。他在对策里坦率地揭示了一个残酷的社会现实：人民得不到教化，一门心思钻钱眼儿，所以违法犯罪的人很多，一年之中就有成千上万起官司。

那么，如果董仲舒没有夸大其词的话，所谓"周云成康，汉言文景"又从何说起呢？成康时代"天下安宁，刑错四十余年不用"（《史记·周本纪》），看来文景之治远未达到这个标准。人心不古，违法遍地，应该怎么办呢？

董仲舒认为，要解决违法遍地的问题，就该向古代圣王学习，搞好教化工作。那么，推行怎样的教化才对呢？正如策问所说，古代圣王各有各的教化，也各有各的不足，难道终极真理不止一个，还彼此矛盾吗？

当然不是。董仲舒抛出一个重要命题："道者万世亡弊，弊者道之失也。"意思是，终极真理永恒不变，完美无缺，如果发现有缺陷，那不是因为真理本身有缺陷，而是真理缺席了。这个逻辑，很像基督教神学的一个论证：上帝既然至善至公，为什么世界上还会有邪恶存在？原因是：邪恶并不是一种作为实体的"存在"，而是善的缺失。换言之，人们将善的缺失状态称为恶，正如人们将光明照不到的地方称为黑暗。

那么，人们应该怎样认识真理呢？很简单，仔细观察天道就可以。所谓观察天道，其实主要就是观察自然界怎样运转。

054
董仲舒怎么以天道论人世

问题是,自然界中有没有人类社会中这种贫富两极分化的现象呢?

受大者不取小

董仲舒的结论是:没有。只要观察鱼虫鸟兽就能发现,上天赐予一些动物尖牙利齿,就不会再让它们头上长角;赐予一些动物翅膀,就只给它们两条腿,而不是四条腿。董仲舒并没有现代生物学知识,不知道鸟类的翅膀是由前肢演化而成的,有了翅膀就不可能同时还有四条腿。但不管生物学原理是什么,如果只是朴素地从观察到的现象来看,事情确如董仲舒所说,我们才有机会看到一个丰富多彩的自然界。否则,如果老虎肋生双翅,还长着鳍和腮,上天能捕鹰隼,下海能吃鲨鱼,别的动物哪还能有活路呢?恐怕连老虎自己也会被自己断了活路，因为把其他所有动物都吃光之后，就只能同类相残。

董仲舒通过这一现象总结出一个"天道"："是所受大者不得取小也。"意思是，从上天那里领受了大的好处，就不能再领受小的好处，就是俗话说的好处不能占尽。

这样一个"天道"应用到人类社会，就意味着：吃肉的人，只吃肉就好，别连骨头一起嚼了；吃骨头的人，只吃骨头就好，别捞肉渣；捞肉渣的人，只捞肉渣就好，别抢汤喝。董仲舒讲，在以前的美好社会里，凡是领取俸禄的人，就不再出卖劳力，也不搞工商业赚钱。如果非要占尽好处的话，就连上天都会不堪重负，更何况是人——这才是平民百姓号寒啼饥的根本原因。看看现在这些达官显贵，明明已有荣华富贵，却还要与民争利，无休止地扩大自己的产业、增加积蓄。老百姓民不聊生，就只能铤而走险，这就是为什么法网越来越密，违法犯罪却越来越多。

榜样公仪休

董仲舒讲的这个道理，特别符合农耕社会的朴素直觉，今天理解起来反而会有点吃力。农耕社会理解经济现象，会认为财富的分配是一种零和博弈：有人多占，就一定有人少占；有人捡了便宜，就一定有人吃亏。商业并不创造财富，只是把作为财富的物资从一个地方转移到另一个地方，并没有使物资增加。这样的话，商人如果只赚取一点搬运费也就罢了，但偏偏可以赚取暴利，怎能不惹得天怒人怨呢？

那么，达官显贵到底应该怎么做呢？董仲舒给出一个榜样：鲁国国相公仪休。公仪休的生活时代和生平事迹，今天看来多少有点可疑。他有可能是战国初年的人。一次，他回家发现妻子在纺织，不禁勃然大怒，果断休妻。还有一次，他在家吃饭，吃到自家种的菜很可口，又发起火来，马上到菜园里把菜都拔光。他的理由是："我已有俸禄，难道还要和劳动人民争利益吗？"话虽在理，但为这点事就能休妻，也实在匪夷所思。

公仪休的事迹，作为官员楷模，被司马迁写进《史记·循吏列传》。他评价公仪休，"使食禄者不得与下民争利，受大者不得取小"，完全是对董仲舒发言的抄录。司马迁的思想深受董仲舒和公羊学的影响，反映在《史记》中的不止一例。

把公仪休树立成官员的榜样，这倒不难，但仅凭榜样的力量，想真正扭转社会风气，这就太难了。董仲舒也没能给出一个可行性方案，似乎只有依靠道德自律。但我们必须看到，在公仪休的故事里，就算是国家总理与民争利，也无非是妻子织布，家里不知什么人在自家园子种种菜，仅此而已，就算废寝忘食搞生产，也没多大油水。但汉朝不一样。就拿土地兼并来说，兼并一百亩是兼并，兼并一千亩也是兼并，约等于没有上限。更不用说让奴婢外加雇用工人来采铜铸币、冶铁煮盐，这种集约化大生产创造的利润，远不是家庭手工业可以比的。

如果要求达官显贵以公仪休为榜样，不在家织布、种菜，这倒不难做到，但在土地兼并、工业生产和商贸金融业的巨额利益面前，即便是公仪休本人，要抗拒诱惑怕也不容易。

循吏与酷吏

那么，董仲舒的这个建议，后来有什么收效呢？我们如果读《史记·循吏列传》，会有一个很尴尬的发现。

《史记》中有两篇相映成趣的群像型传记，一篇是《循吏列传》，一篇是《酷吏列传》。酷吏，我们已有所了解，郅都、宁成都是典范；至于循吏，基本等于酷吏的反面，虽然奉公尽职，但并不搞严刑峻法、察察为明那一套。

《酷吏列传》从吕后时代的侯封写起，然后到晁错，从郅都开始就事迹丰满了，先后记录了宁成、周阳由、赵禹、张汤、义纵、王温舒、尹齐、杨仆、减宣和杜周。这些还都算是有模有样的官员，即便执法严苛，但还不能说不称职。至于冯当、李贞、弥仆、骆璧、褚广、无忌、殷周、阎奉这些滥杀、虐杀人的官员，司马迁在原文中接连感叹了两声"何足数哉"，也就是数不胜数。不难想见，他在写作《酷吏列传》时是怎样痛心疾首。

《酷吏列传》里的这些人物，绝大部分都是和司马迁同时代的，早期人物也无非追溯到吕后和景帝时代。但《循吏列传》打头阵的则是楚国孙叔敖，然后是郑国子产、鲁国公仪休、楚国石奢、晋国李离，基本都是春秋时代的人。公仪休即便不是和他们同时代的人，最晚也晚不过战国初年。五位循吏，一个汉朝人都没有。这就是为什么《史记》一直都摘不掉"谤书"这顶帽子，总有人觉得司马迁因为对现实不满，话里话外都在诽谤汉朝，尤其是给汉武帝一朝狂泼脏水。

不过，即便司马迁在写《史记》时没有夹杂任何私人情绪，那五位循吏的事迹也只是古老的传说，被时间加了不知多少层美颜滤镜，而且种种细节都不符合春秋时代的政治格局和风俗习惯，越看越可疑。而那些酷吏的故事，可都是司马迁身边真实发生过的。春秋和西汉，无论是国家规模还是政治、经济结构，都已大不一样，旧时代的行为楷模放在新时代里，大概率并不适用。

很快我们就会看到，武帝的新时代里，不但达官显贵与民争利，朝廷也在想方设法与民争利，而且软的不行就来硬的。后世的儒家知识分子，虽然一直都在谴责汉武帝不走正道，但也不得不接受国家政权必须与民争利这个现实。为什么呢？还是因为推行了郡县制，中央集权下的财政模式，完全不同于封建制了。从景帝到武帝，刚好处在制度变革的枢纽，而生活在枢纽时代的司马迁和董仲舒，因为"身在此山中"，所以对此浑然不觉。

价值观分歧

像公仪休这种情况，到底是不是春秋战国时代的真实典范，其实很难讲。公仪休那位被休掉的妻子如果有机会发言，也不难讲出一番可以自圆其说的政治哲学。孰是孰非，只取决于评判者有怎样的价值倾向。

我们可以参照《国语》，还是在鲁国，和公仪休差不多的时代。当时鲁国有一位贵族女性，名为敬姜夫人，她的儿子公父（fǔ）文伯在本国做官。某一天公父文伯退朝回家，看到母亲正在织布，便很不高兴地说："以我们这样的家庭，主母难道还要亲自纺织？这事如果传出去，族长会骂我不孝。"

同样是不满意家里的女人搞纺织，公仪休的出发点是"所受大者不得取小"，不可与民争利；而公父文伯的出发点，一是贵族女子应当养尊处优，不然男人会遭受耻笑，二是儿子当了差，就不该让母亲操劳，否则就是不孝。

面对儿子的不满，敬姜夫人讲出一番深刻的道理，说古代圣王安置百姓，特地安置在贫瘠的土地，让他们为了活命不得不辛勤劳作。只有这样，君王才能得心应手地使用他们，国家才能长治久安。即便作为统治阶层的一员，我们也不要忘记受苦受累能培养人的美德，而安逸的生活会让人丢弃美德，生出各种邪念。她的言下之意是，自己亲手纺织，并不是为了赚取蝇头小利，而是有意识地多吃一点苦，多受一点累，不让全家人掉进"饱暖思淫欲"的泥潭。（《国语·鲁语下》）

055

如何理解董仲舒讲的"大一统"

大一统

董仲舒认为,夏、商、周三代的政治哲学各有侧重。夏朝崇尚"忠",商朝崇尚"敬",周朝崇尚"文"。汉朝既然是在大乱之后建国立业的,那就应当减少周朝风格的"文",而采用夏朝风格的"忠"。

司马迁在《史记·高祖本纪》的最后有一段总结,详细阐释了董仲舒的这套公羊学理论。大意是:夏朝的政治忠厚质朴,其弊端是老百姓粗俗无礼,所以商朝接替夏朝后,政治上便取庄严虔敬之道。这样的政治作风也有流弊,老百姓会迷信鬼神,所以周朝接替商朝后,政治上便强调尊卑等级。强调尊卑等级也有流弊,老百姓会变得不诚实。要扭转这种局面,最好的办法莫过于采用夏朝的忠厚质朴之政。三王之道,就这样循环往复,周而复始。周、秦两个朝代相交之际，正是尊卑等级的流弊最严重的时候，补弊之法该用夏朝的忠厚质朴之政，但秦朝反而大搞严刑峻法，违背了这一历史规律，所以很快就灭亡了。汉朝兴起，代秦而立，面对上代王朝的政治流弊，相应地采取应变措施，果然就搞好了，汉朝这是得了"天统"！

司马迁最后的所谓"天统"，是公羊学的一个术语。公羊学认为，政治局面永远在三套一揽子方案里不断轮回，每一套方案称为一"统"，总共"三统"。"三统"简单讲可以分为天统、地统、人统。夏朝属于天统，商朝属于地统，周朝属于人统，秦朝不算数，汉朝则要回归到夏朝的天统。

既然认定汉朝是天统，那么地统和人统的政治哲学就不该存在，一切的一切都要符合天统，被统一到单一的意识形态和政治模式里。也就是说，不能三统并重，也不能三统混用，而只能突出三统中的一统，换言之，只能以三统中的一统为大。这就叫"大一统"。我们今天还在使用"大一统""统一""正统"这些词，它们原本都是汉代公羊学的专业术语。

"统"这个字，本义是丝线的线头。古代养蚕缫丝时，先要用水煮过蚕茧，然后在上面找到线头，这样才可以抽出丝线。所以，"统"有"开端"和"总括"的引申义。

独尊儒术

董仲舒在对策最后归结说：既然《春秋》提出大一统的模型，这是"天地之常经，古今之通谊（义）"，是宇宙的终极真理，应当彻底奉行。可如今学派纷纭，各说各的理，统治者无法把"一统"贯彻到底，以至于法制总是变来变去，下边办事的人无所适从。所以，凡是不在"六艺"之内的，不属于孔子传承的学术，都应当赶尽杀绝。只有让邪说灭绝，才能统一思想，明确法度，让老百姓清楚什么能做，什么不能做。

董仲舒的这项建议，简而言之，就是我们熟悉的"罢黜百家，独尊儒术"。但有一个细节值得我们留意，那就是董仲舒的原文并没有提"儒术"这个概念，而是说"六艺之科，孔子之术"，两者的含义既相同，也不同。

说它们相同，是因为"六艺之科，孔子之术"就是儒术；说它们不同，是因为如果说"儒术"，就很容易把它看作"百家争鸣"中的一家，和道家、法家是对等关系，而说"六艺之科，孔子之术"则不一样，它指的是孔子所传承的周代官学，是古代圣王的典章制度，而不是孔子的一家之言。

我们看庄周著书立说，那只是他的一家之言；韩非著书立说，也只是他的一家之言。但孔门学术根正苗红，一个人只要认可古代圣王和古代盛世，就一定知道孔门学术不是一家之言，而是对古代圣王经典的传承，所以对于诸子百家具有碾压性的优势。

董仲舒讲的这套《春秋》大义，虽然实质上也是一家之言，但可以打扮成对圣王政治哲学的解读。它貌似泥古不化，却并不是铁板一块，而是既有原则性，又有灵活性。所谓原则性，就是宇宙终极真理永恒不变，放之四海而皆准；所谓灵活性，就是"三统"有轮回，虽然任何时代都应当"大一统"，但只要"三统"的齿轮转动了一格，那就该换一个"统"来"大"了。也就是说，"大一统"理论既要统一思想，排斥百花齐放、百家争鸣，又保留了开放性，为变法提供了最基层的理论依据。所以，直到晚清，公羊学依然会被康有为这样的变法人士从故纸堆里翻出来，为我所用，为变法张目。

简言之，虽然"天不变，道亦不变"，但人间的政治制度不但可以变，而且随着"三统"的轮回必须变。这套理论，当时的人接受起来并不困难，因为它刚巧符合传播学的一个原则：最容易被接受的新事物，一定是半新半旧的，让人们在熟悉感的基础上增加一部分新鲜感。"三统论"让人产生的熟悉感，是从"五德终始论"来的。先前又是五德相生，又是五德相胜，一会儿汉朝是水德，官方标准色是黑，一会儿汉朝是土德，官方标准色是黄……乱纷纷地裂天翻。但不管怎么乱，轮回和变易的观念已深入人心。如今跳出来一个"三统论"，看上去还是轮回和变易，只不过数字从"五"变成"三"。重要的是，"五德终始论"推本溯源，首倡者是邹衍，他只是战国诸子之一，血统并不高贵，而"三统论"出身于《春秋》大义，资质比前者强太多。

"天人三策"的内容到此全部结束。当时的人也许感受不到它那移山填海的力量，只看到若干年后，朝廷开始办学，地方政府开始推荐茂才、孝廉，人才的培养和选拔机制逐渐有了变化。但重要的是，不久，"罢黜百家，独尊儒术"的时代就到来了，并且绵延两千年之久。

江都国相

原文：

天子善其对，以仲舒为江都相。

那么，董仲舒本人从"天人三策"中获得了什么呢?《资治通鉴》记载,汉武帝欣赏董仲舒的见解,任命他为江都国相。

这个任命有点奇怪。当时的江都王刘非,是武帝同父异母的哥哥,一个典型的纨绔子弟。董仲舒到任之后,以礼仪匡正刘非,竟然很受他的敬重。(《汉书·董仲舒传》)这也许是因为董仲舒比当初的申公、白生更会做事,也许是因为刘非并不像当初的楚王刘戊那样跋扈。但问题是,既然"天人三策"被欣赏,被重视,被实施,那汉武帝应该把董仲舒留在自己身边,而不是打发到遥远的江都国去。

《汉书·武帝纪》记载了建元元年(前140年)召集所谓"贤良方正直言极谏之士"给朝廷提建议,但只是一笔带过,而在六年之后的元光元年(前134年)武帝又搞了一次同样的事情,"于是董仲舒、公孙弘等出焉"。也就是说,如果依照《汉书·武帝纪》的记载,那么董仲舒因对策而崭露头角,发生在元光元年,而不是建元元年。

从情理推断,建元元年的汉武帝还只是个少年,祖母窦太后——这时该叫太皇太后了——小心翼翼地呵护着这个孙儿,而她信奉的政治哲学一直都是黄老之术,她还特别看不惯儒家知识分子,怎么可能由着小孙儿搞出这么大动作的政治转向呢?再看朝廷里,担任丞相的卫绾是汉景帝特意给武帝安排的辅佐人。卫绾既没文化，又没追求，只是个老成持重的粗人，同样没道理搞变革。所以"天人三策"的出场，似乎更有可能是元光元年的事。

那能否参照《史记》弄清楚时间呢？很难。《史记》的帝王本纪中虽有一篇《孝武本纪》，但显然是从《史记·封禅书》中大段摘抄来的。司马迁也许给汉武帝写过本纪，因为他在《太史公自序》里直言自己写了《今上本纪》。"今上"就是"当今皇帝"的意思，司马迁生活在汉武帝时代，所以称汉武帝为"今上"，而不会以死后的谥号称他为"孝武帝"。也许司马迁当时确有《今上本纪》的写作计划，但没来得及完成。也许完成了，但不知什么原因，没能流传下来。然后，褚少孙或是别的什么人，从《史记·封禅书》中移花接木，凑出了一篇《孝武本纪》，这样一篇文字谈不上什么参考价值。司马迁也没有为董仲舒单独列传，而是把他的生平写进了《儒林列传》的群像里，着墨不多，而且对"天人三策"只字未提。

关于"天人三策"的时间，史料就是这么模糊且矛盾。司马光早就发现了这个问题，在《通鉴考异》里做过详细辨析，但终归得不出确切结论，只能说"天人三策"的提出大概是在建元元年。（《通鉴考

异·卷一·汉纪上》)

这个问题至今也没有确切结论，我们不妨不求甚解，姑且采信司马光的说法。若是还想了解反方的论证，可以参考朱维铮先生的《经学史：儒术独尊的转折过程》一文。

056

窦婴和田蚡是怎么上位的

原文：

会稽庄助亦以贤良对策，天子擢为中大夫。

董仲舒因为"天人三策"的缘故，被委任为江都国相，同时脱颖而出的还有一位庄助，被提拔为中大夫。中大夫的"中"是"宫中""朝中"的意思，大夫的职责是"掌议论"，相当于参谋官。这样看，庄助的升迁才是合情合理的——因为见解出色，所以陪在皇帝身边以备咨询、顾问。而董仲舒不知何故，竟然被外放到江都国。

罢黜百家

原文：

丞相卫绾奏："所举贤良，或治申、韩、苏、张之言乱国政者，请皆罢。"奏可。董仲舒少治春秋，孝景时为博士，进退容止，非礼不行，学者皆师尊之。及为江都相，事易王。易王，帝兄，素骄，好勇。仲舒以礼匡正，王敬重焉。

丞相卫绾上奏，说各地推荐的人才，凡是研究申、韩、苏、张学说的，都是扰乱国政的，请一律罢黜。

卫绾所谓的"申、韩、苏、张"，分别是申不害、韩非代表的法家，以及苏秦、张仪代表的纵横家。罢黜纵横家倒可以理解，毕竟皇权以几代人的接力，持之以恒地削弱着诸侯国的势力，如果再搞合纵、连横那套，已经特别不合时宜。但是，法家为何也在罢黜之列？

这很可能只是向天下人做出一种姿态，表示武帝一朝的政治将会以温和为基调。但事实上，早在文景之治时期，朝廷就已离不开法家手段，今后只会愈演愈烈。假如还是以黄老之术作为政治纲领，那么土地兼并的现象就会加剧，朝廷的税基就会不断萎缩，等那些拿粮食换爵位的人都换到天花板，小政府可就撑不起大帝国了。

近代史上，欧洲工业国家能搞小政府模式，是因为工商业的税基很大，利润很高，而且政府的征税能力也不弱。这种模式绝不是大型农业国家能够复制的。退一步说，就算自发秩序带来经济繁荣，但站在统治者的角度来看，如果财富收不上来，不能为我所用，繁荣又有什么意义？

那么，假如当真"独尊儒术"，又会怎么样呢？这同样很不现实，因为儒家的根基是宗法伦理和熟人社会，如果不折不扣地实施下去，郡县制就会完全让位给封建制，汉帝国将会变成周朝那样的套娃结构——皇帝相当于周天子，逐级分封，逐级效忠，皇帝的权力越来越小，地方自治的势头越来越猛。

显然，黄老之术、休养生息、清净无为，注定会是阶段性的策略，既不具备可持续性，也不可能是皇帝想要的结果。而儒家指向的封建制和地方自治虽然是可持续的，但同样不可能是皇帝想要的。理解了这层逻辑，我们就会明白，法家学说只可能在表面上被批判，谁让它太不近人情，说出来又太难听，但广土众民的集权帝国已无论如何都离不开法家。

那么，回头再看丞相卫绾的意见，以及意见的获批，我们自然不可能相信申不害和韩非的思想遗产当真会退出政治舞台，但是，我们还会发出一个疑问：卫绾为何只建议罢黜法家和纵横家，而对道家只字未提呢？

大概是因为，这时的中央政府，并没有就意识形态问题达成共识，儒家和道家各擅胜场，一时看不出到底是东风压倒西风，还是西风压倒东风。但只要政治嗅觉敏锐，我们就应该看得出，儒家和道家必将有一场你死我活的交锋。

太皇太后窦氏

太皇太后窦氏是道家哲学——严格来说是道家哲学当中的黄老学派——的坚定支持者，当时正以祖母的身份紧盯着国家的走向。说她老人家"紧盯着"，未必合乎字面意义，因为太皇太后曾经失明，后来有没有恢复视力，史料并没有明确记载。但我们好奇的是，窦氏出身普通民家，后来成为吕后疼爱的小丫鬟，被赐给代王刘恒，然后一路做到皇后、皇太后、太皇太后，无论身份多么尊贵，本质上，她始终是个没受过正规教育，也没亲自主过政的女流之辈，就算学过黄老学说，真就敢拿自己这点成人教育的心得，给国家意识形态定调子吗？

事情还真是这样。这很可能是因为，窦氏一生实在见惯了"柔弱胜刚强"的奇迹。窦氏本人，一介寒门弱女子，在被吕后外放时试图努力把握命运，要去家乡所在的赵国，结果宦官搞错名册，她只能被扔到代国。她痛哭，反抗，但无济于事。不过，这真的是她命苦吗？代王刘恒是刘邦诸子中最没存在感的一个，但他偏偏因此才躲过了吕后的大清洗。窦姑娘当时假如如愿去了赵国，人生反而会以悲剧收场，而她到了代国，代王刘恒不但无病无灾地幸存下来，还特别喜欢她。后来，似乎最没政治前途的刘恒，竟然被请去长安当了皇帝，窦姑娘跟着一荣俱荣，当了皇后，儿子也做了太子。而当年那些嚣张跋扈、锐意进取的皇族、后族，竟然沦为权力祭坛上的祭品，无一幸免。

一个人只要有过这样的经历，怎能不相信命运的神奇呢？那么，与其积极进取，不如谦退恬淡，听任命运的安排。所以，窦氏真心信奉黄老之术也就不足为奇。

窦氏并没什么深刻的学术思考和敏锐的政治洞见，始终都是一个有血有肉的民间女子，一个溺爱孩子的母亲、心疼孙儿的祖母，一个固执己见的老太婆。只因这个老太婆阴差阳错地登上了权力的顶峰，所以她的一喜一怒、一举一动，都深切地关乎很多人的命运。

窦氏推崇黄老之术，丞相卫绾就算想要罢黜百家，至少不会把矛头指向道家。当然，不论是皇帝还是达官显贵，一个人只要突然间大权在握，就很难遏制或大展宏图，或兴风作浪的冲动。

窦婴上位　田蚡升迁

原文：

春，二月，赦。

行三铢钱。

夏，六月，丞相卫绾免。丙寅，以魏其侯窦婴为丞相，武安侯田蚡为太尉。

春二月，武帝发布赦令，发行三铢钱。

夏六月，丞相卫绾被免职，武帝以魏其侯窦婴为丞相、武安侯田蚡为太尉。

刚刚有所作为的丞相卫绾，怎么就这样被免职了呢？卫绾被免职的原因，史料中存在两种说法，一说是因病（《史记·魏其武安侯列传》），一说是因过（《史记·万石张叔列传》）。所谓"过"，指的是景帝患病期间冤狱太多，卫绾身为丞相必须担责。但这种罪名，怎么看都像借口。

前两年，当丞相职位出现空缺时，窦氏中意的人选是本家亲戚窦婴。但汉景帝嫌窦婴为人不沉稳，是个"沾沾自喜"的浮夸角色，于是拒绝母亲的提议，果断选择了卫绾。[1]但现在景帝驾崩，武帝即位，升为太皇太后的窦氏正是最有话语权的时候。估计在景帝舍窦婴而任卫绾时，窦氏就老大不乐意了，现在随便找个茬，对外宣称卫绾生病，终于还是把窦婴捧上了丞相的位置。

其实窦婴的上位，就算没有太皇太后的偏心，也称得起实至名归。真正蹊跷的是，既无军功，也无从政经验的田蚡，仅凭同母异父姐姐王太后是皇帝亲妈这层关系，在武帝即位之初就受封武安侯，而且竟然和窦婴一道升迁，官拜太尉，和窦婴平起平坐了。

田蚡的升迁，完全靠的是裙带关系。《史记》说，窦婴当大将军时，田蚡还只是一名郎官，侍奉窦婴就像侍奉父辈一样。(《史记·魏其武安侯列传》)其实论亲戚关系，窦婴是窦氏的远房侄儿，田蚡是窦太后儿媳的同母异父兄弟，二人应该以平辈相交才对。所以《史记》特意交代这个细节，有点鄙薄田蚡人品的意思。田蚡口才很好，又积极学习文化，很受姐姐的器重，等武帝一登基，就受封武安侯。

这个"武安"和秦国名将白起的"武安君"的"武安"不一样。这个武安是武安县，即今天的河北省

---

[1] 详见前文第049讲。

武安市。如果只是受封为武安侯，坐食租税的话，田蚡是不甘心的。既然趁着破旧立新之际登上了政治舞台，田蚡就憋着劲儿要大干一场，于是到处礼贤下士，大量举荐那些闲居在家的名士。这是一个很聪明的策略，机会来得也快：卫绾被免了职，丞相岗位空缺，而汉武帝不但需要一位新丞相，还想选拔一位太尉。

太尉是一个时置时废的职务，这几年一直空缺。田蚡原本盯着丞相的位置，但门客籍福劝他说："窦婴已显贵很久，您才刚刚冒头，声望比不上人家。如果皇帝让您当丞相，您一定要让给窦婴去做。等窦婴当了丞相，太尉肯定就是您了。太尉和丞相地位相当，您还落个让贤的名声，何乐而不为呢？"（《史记·魏其武安侯列传》）

事情果然朝着这个方向发展了。

057

儒学是怎么在武帝朝开始复兴的

家族企业

窦婴和田蚡的上任,意味着汉帝国中央政府的最高军政长官职位全都落在外戚手里,这就使大汉帝国更像一个家族企业了——丞相是太皇太后的远房侄儿,太尉是皇太后的弟弟。而在此之前,中央政府的最高职位先由开国功臣把持,诸如萧何、曹参、陈平、周勃,等到老成凋零之后,再由功臣们的继承人接手,诸如周勃之子周亚夫、刘襄之子刘舍。当年刘邦的政治格局,是一个"共天下"的局面:开国功臣及其子孙后代,不但手握帝国的股权,还有参政议政的权力,国家并不是皇帝的一言堂。

皇帝作为大股东,渴望把这份家业稳稳当当地传给子子孙孙,而那些中小股东,同样想把自己的股权和参政议政的权力一代代传之永久。这是一场零和博弈，要想稳，就必须壮大自己，削弱别人。经过"七国之乱"，诸侯国的气焰被狠狠打下去了，那些二代、三代的彻侯，自然就变成新一轮的排挤对象。而在这时，皇权已扩张到相当规模，皇帝对高级官员的任免终于可以随心所欲。皇帝甚至有意识地对彻侯这个群体做进一步的稀释。汉武帝刚刚登基，就把田胜、田蚡这两个舅舅无功封侯。这个先例一开，没多久，各种裙带关系就前赴后继。这样下来，彻侯身份自然就贬值了。

分庭抗礼

问题是，新的人事格局会稳定吗？当然不会，因为这个变动太大了，潜伏的不稳定因素很快就会爆发出来。

我们看一个最醒目的不稳定因素：田蚡原先在窦婴面前自动矮一辈，以子侄之礼恭敬侍奉，那时窦婴官拜大将军，爵封魏其侯，田蚡只是一名小小的郎官。现在，人还是当初的人，但地位变了：论爵位，两人都是彻侯；论官位，一个丞相，一个太尉，平起平坐。这关系可怎么处呢？

以前，宗法社会不存在这种问题，当官的都是贵族，当大官的都得够年资，所以那时的"大夫"基本可以和"长老"画等号。在那样的社会里，人的一辈子从他一出生就被基本确定了。最典型的例子，就是我们很熟悉的嫡长子继承制：一个人只要是嫡长子，天然就有继承权，只要不是嫡长子，天然就没有继承权。在论资排辈的标准之下，一切都被安排得明明白白。这种日子过久了，一般人根本就不会生出什么非分之想。

不妨假想一个极端的情况：你的上级领导比你年长，一辈子都是你的上级领导，你的下级办事员比你年轻，虽然历经几次升迁，但每次升迁都和你同步，始终低你一级，这就是最舒适的人际关系模式。但新时代坏了旧规矩，昨天还对你行子侄礼的年轻人，忽然和你平级了，与你分庭抗礼，过两天又变成你的上级领导，你反而要给他行大礼。而在私人场合，到底应当按官职级别行礼，还是按年龄、辈分行礼，或者按爵位高低行礼，各有各的道理，但都会让人浑身别扭。陶渊明"不为五斗米折腰"，就是因为受不了这份别扭，不想一大把年纪，还要正装打扮，恭恭敬敬地参拜年轻人。所以不难想见，田蚡和窦婴的关系，将来一定很难处。

雅好儒术

原文：

上雅向儒术，婴、蚡俱好儒，推毂代赵绾为御史大夫，兰陵王臧为郎中令。绾请立明堂以朝诸侯，且荐其师申公。

窦婴出任丞相，背后既有田蚡推让的缘故，更有太皇太后的意思。窦氏很早就希望由窦婴这个自家人出任丞相，但景帝选中的是稳重感异乎常人的卫绾。现在景帝驾崩，年少的武帝和年迈的窦氏都想当家作主，但窦氏作为太皇太后的影响力毕竟更大一些。

而太皇太后可能疏忽了一点：现在位居权力核心的这几个男人，少年汉武帝偏爱儒学，窦婴和田蚡竟然也是儒学的同好。这样一来，君臣相得，武帝马上就开始任用儒家官员。赵绾就职御史大夫，王臧就职郎中令，两人都是申公的学生。（《史记·儒林列传》）赵绾才上任就建议兴建明堂，并且向武帝推荐自己的老师申公。这只是武帝刚刚即位、逾年改元的年份，官方意识形态就这样突然转向，儒风大起。事情来得这么突然，运气成分应该起到决定性作用——武帝、窦婴和田蚡，不管潜伏着怎样的矛盾，却正巧在学术偏好上高度一致。

赵绾建议兴建明堂。古往今来，谁也说不清明堂到底什么样，明堂里的仪式又该怎么操办。简单讲，明堂是儒家传说中最高规格的大礼堂。王者受命于天，明堂是王者的标配，王者会在明堂之上散发自己的万丈光芒，接受万国朝拜。

到底怎么散发万丈光芒，年仅十七岁的汉武帝未必明白，但王者受命于天的标配和万国朝拜之类的话，应该很容易点燃他心中的熊熊火焰。

儒家学术是当时最复杂的学术体系，可以粗略分为两大分支：一是新兴的、以董仲舒为代表的公羊学，特点是发掘《春秋》大义，研究天人感应的原理，通过原理搞预测，积极影响自然力的运转；二是旧有的、以叔孙通为代表的礼学，通过建筑、服饰、音乐、舞蹈等形式确定并强化尊卑秩序。这两大分支有一个共同点，那就是无比复杂，怎么说怎么有理，完全没有一定之规。

凡是有这种特点的知识体系，要想被顺利地贯彻下去，关键就看有没有一言九鼎的权威人物。我们看过叔孙通为汉朝制礼的过程，当时很多儒生看不惯他，瞧不起他，和他有严重的学术分歧，但没关系，谁让他是追随刘邦打过天下的人，是刘邦钦定的儒学权威。所有学术争议，不论是已发生的还是可能发生的，只要到了叔孙通那里，就会有一个斩钉截铁的终审意见。

现在赵绾提议兴建明堂，属于礼学分支，如果抛给儒生们去讨论方案，注定七嘴八舌，永远不可能有结论。对于这一点，赵绾应该心知肚明，所以才把老师申公抬了出来。这位申公，就是当初被楚王刘戊狠狠羞辱过的那位申公，这时已八十高龄。看年纪和资历，只要汉武帝把申公请出来，当成国师一样供着，赵绾就可以打着老师的旗号呼风唤雨，粉碎一切不同意见。

申公出山

原文：

秋，天子使使束帛加璧、安车驷马以迎申公。既至，见天子。天子问治乱之事，申公年八十余，对曰："为治者不至多言，顾力行何如耳！"是时，天子方好文词，见申公对，默然；然已招致，则以为太中大夫，舍鲁邸，议明堂、巡狩、改历、服色事。

这确实是个聪明的想法，只是没料到，在汉武帝辛辛苦苦把申公请到长安之后，申公竟然对他说："治国之道在于少说话，埋头做事。"武帝正是爱好文学、特别喜欢夸夸其谈的年纪,觉得申公这话很刺耳,心一下就凉了半截。但是,既已请来老人家,也不好直接打发回去,于是他便任命申公为太中大夫,参与讨论明堂之类的礼制改革。

"中大夫"是顾问官,前边加一个"太",相当于英文的"senior",变成资深顾问官。但申公因为败了武帝的兴致,没能获得当年叔孙通那样的地位,这就导致儒家阵营群龙无首,别说建明堂这种大工程,什么细节性事务,大概都不可能达成共识。不过更大的隐患是,太皇太后怎么看得惯儒学在自己眼皮底下大行其道呢?内部群龙无首,外部有太皇太后虎视眈眈,儒家改革的前景,越想越不乐观。

宁成下狱

原文:

是岁,内史宁成抵罪髡钳。

本年度的最后一桩大事,是宁成被判罪,剃掉头发,戴上镣铐。宁成这是怎么了?《资治通鉴》并没有交代前情,我们又需要借助《史记》来探因。

先前宁成接替郅都,治理大长安地区,手段之狠辣不亚于郅都，但他为人并不清廉。这就意味着，那些被他整治的人，还有唯恐被他整治的人，大有反戈一击的机会，而宁成果然中招。（《史记·酷吏列传》）

这时的宁成，已官居内史，相当于长安市长，属于高级干部，如果犯了死罪，下场就是死，基本不会遭受刑罚。《史记》原文是"是时九卿罪死即死，少被刑"，这句话单看不容易理解，但只要联系到贾谊当年提出的"阶级"理论，就非常明朗了：高级干部犯了重罪，皇帝既不能轻饶他们，也不能折辱他们，因为保全高级干部的体面，就是保全朝廷的体面。所以，朝廷会给罪臣一个措辞委婉的批评，罪臣也必须识趣，赶紧自杀了事。先前文帝时代的薄昭、景帝时代的周亚夫，都是例证。不会有人像宁成这样被剃了头、披枷带锁，所以，这是拿宁成当市井小民对待。

汉武帝建元二年

058
刘安靠什么赢得武帝的青睐

惩治宁成的人完全不顾文景时代的"阶级"传统，哪怕不要国家体统，也必须给宁成足够的羞辱。那么，宁成还有生机吗，他会怎样应对这样的困境呢？

这些事情《资治通鉴》省略掉了，大概司马光觉得这和国家大政没什么关系。但我们还是有必要借助《史记·酷吏列传》看看宁成的人生下半场：一来是因为宁成的事迹实在太精彩，二来是因为我们可借此领略当时特殊的社会风貌。

宁成翻身

宁成因为受到区别对待,知道自己就算有机会出狱,也没可能重返仕途。事已至此,他铤而走险,悄悄挣脱镣铐,又伪造了通行证,逃出函谷关,逃回南阳郡的穰县老家。宁成的老家曾经是秦昭襄王时代名动天下的穰侯魏冉的封地,今天属于河南邓州。

先前我们看到的秦朝逃犯,像张耳、陈馀、张良这些人,都要隐姓埋名,远离家乡,藏在一个没人认识的地方。但宁成竟然逃回了家,他的家还不是什么穷乡僻壤,而是中原富庶之地。更何况以宁成这样的人品和身份,在家乡必然是个名人,作为逃犯也一定是个重要通缉犯。然而离奇的是,他非但没有躲躲藏藏,反而发出豪言壮语:"仕不至二千石,贾不至千万,安可比人乎?"意思是,做官就该做到二千石的级别,做买卖就该做成千万富翁,不然还有脸活吗?

二千石的官已经做过,仕途看来已经断了,那就换个赛道,做个大商人。问题来了:宁成做官虽不清廉,但入狱时会被抄家,哪来的本钱做生意?宁成有办法:借。也不知他用了什么手段,或者家乡有专门放贷的人信得过他,总之,宁成靠民间借贷买下一千多顷良田，租给几千户穷苦人家耕种。几年之后遇到大赦，宁成正式摘掉罪犯的帽子，而这时，他置办的产业已几倍于他当初夸口的目标。

我们看到，宁成就是土地兼并时代的受益者。只要拿得出钱，就可以在短时间内买下良田千顷，然后雇用几千户劳动力，而这几千户穷苦人家成为宁成的佣工，给他交租，不再给政府交租。如果晁错那个"入粟拜爵"的政策还在继续，那么宁成就有足够多的余粮送给政府，而换来的爵位只可能是宁成的，那几千户雇工不会有份。

现在的宁成不但有了清白的身份，还是富甲一方的大地主，以他的性格，就该光明正大地耀武扬威。他出门时排场很大，骑马的随从足有几十人。而且他掌握着官吏们的把柄，连当地官府也奈何不了他。他就是当地的话事人，对百姓的控制力比郡守还大。

我们要想到，这样的地方豪强可不只宁成一个。宁成约等于白手起家，背后并没有靠山，而真正的达官显贵就不一样了，他们既有合法的权力，又有充足的资金，还有丰富的官场人脉，再加上错综复杂的联姻关系，比宁成更加不可撼动。当初宁成接替郅都时，惩治的正是长安地区嚣张跋扈的达官显贵，而现在宁成走上了和他们一样的路。

虽然南阳不是长安，但武帝也不是景帝，今后会不会有一位新兴的酷吏来收拾宁成呢？

关于宁成的人生终局，《资治通鉴》后文会有交代。现在，我们还是沿着时间线，看看宁成入狱的下一年，武帝建元二年（前139年）的大事件。

刘安来朝

原文：

（二年）

冬，十月，淮南王安来朝。上以安属为诸父而材高，甚尊重之，每宴见谈语，昏暮然后罢。

新年伊始，这是诸侯王进京朝见的日子。这一阶段的诸侯王当中，最被武帝看重的，是淮南王刘安。

我们简要回顾一下刘安的身世。第一代淮南王并不姓刘，而是汉初八大异姓王当中的黥布。刘邦灭掉黥布，立自己最小的儿子刘长为淮南王，这就是同姓诸侯中的第一代淮南王。淮南国定都寿春，也就是今天的安徽省淮南市寿县。文帝时代，刘长涉嫌谋反，饿死在囚车里。若干年后，文帝将原先的淮南国一分为三，分给刘长的三个儿子：刘安为淮南王，刘勃为衡山王，刘赐为庐江王。[1] 刘安受封的淮南国，虽仍以寿春为国都，但版图已比黥布和刘长时代的淮南国小了很多。

"七国之乱"时，吴王刘濞积极联络淮南三王，还在檄文里说，淮南三王因文帝时代的杀父之仇，十多年间苦心孤诣谋划造反。刘安确实有了响应吴王刘濞的打算，却没想到被国相诓去兵权，被迫站在了朝廷的一边。所以，等到平乱之后，淮南国并没有遭到政治清算，一切如故。但是，刘安心底的仇恨一刻都没有消除。

《资治通鉴》记载，刘安是武帝的叔父辈，又很有才智，所以很受武帝敬重，每次见面，一聊就聊到天黑。那么，武帝到底喜欢刘安什么，又是聊什么话题聊得这么津津有味呢？这就需要参考《汉书》。《汉书》中说，刘安是个文艺爱好者，又存了沽名钓誉的心思，所以在淮南国延揽宾客几千人，埋头搞创作，很有几分当年吕不韦主编《吕氏春秋》的架势。和吕不韦不同的是，刘安本人很有文采，可以独立进行文学创作。偏巧汉武帝也很爱好文艺，于是乎小文青遇上老文青，越聊越投机。刘安入朝时，还带上自己的新作。武帝

---

[1] 详见前文第026讲。

越看越爱，忍不住给刘安命题，请他创作《离骚传》。刘安才思敏捷，当天就交了稿。（《汉书·淮南衡山济北王传》）

从上下文推断，刘安创作《离骚传》并不是给屈原的《离骚》做注释，而是写一部独立的、《离骚》风格的楚辞作品。淮南国是楚国故地，依然保留着屈原时代的文学传统。今天，我们生活在一个娱乐形式多种多样的社会，诗歌、小说、戏剧、电影……各类好作品目不暇接，所以不容易理解汉武帝当时的激动。如果设身处地，去到汉武帝的时代，恐怕我们最难忍受的就是无聊。就算当皇帝也很无聊，因为主流的娱乐活动只有打猎，文艺性质的娱乐约等于零。全世界的书籍总共也没几本，而且并不好看。从这个角度来看，董仲舒等人爱从经典当中死抠微言大义，很可能是因为书太少，只能翻来覆去地看有限的一点内容，终于把每一个字都看出花来，人就魔怔了。

当时的诗歌倒是不少，但最大的诗歌库《诗经》已被学者们经典化，动不动就是后妃之德、王者之道，文学趣味被毁得干干净净。五言诗和七言诗还没出现，小说、戏剧更加没有。在这样一种文化环境里，那些抑扬顿挫的瑰丽辞藻，自然很容易打动人心。更何况刘安还是个百科全书式的学者，由他主持编修的《内书》《外书》《中篇》，基本上就是我们今天称为《淮南子》的这部书，内容上至天文，下至地理，包罗万象，而且充满奇幻色彩。不但如此，刘安口才还好，普天之下，恐怕再难有这么令人着迷的聊天对象了。

交好田蚡

原文：

安雅善武安侯田蚡，其入朝，武安侯迎之霸上，与语曰："上无太子，王亲高皇帝孙，行仁义，天下莫不闻。宫车一日晏驾，非王尚谁立者！"安大喜，厚遗蚡金钱财物。

刘安这样的人，就算表面上再怎么谦恭有礼，也应该仅仅是出于修养，掩藏在修养之下的他，一定是眼高于顶、目空一切的。那么，长安城里有人入得了他的法眼吗？竟然真有一位。

《资治通鉴》的记载是，刘安一直都很欣赏田蚡。这是一场双向奔赴——刘安进京时，身为太尉的田蚡亲自出城到霸上迎接，还说了这样一番话："当今皇帝没有儿子，大王您是高皇帝的亲孙儿，仁义之风天下皆知，一旦皇帝驾崩，有资格继承皇位的，除了您，还能有谁呢？"这番话说得刘安心花怒放，以大手笔厚赠田蚡，从此越发野心膨胀。

若干年后，刘安谋反案轰动天下，在朝廷彻查的过程中，这段往事才被翻出来。只不过于情于理，我们很难相信田蚡和刘安之间会发生这样的交谈，毕竟武帝当时年仅十八岁，来日方长。

这时的汉武帝还没有意识到刘安的威胁性，就连太皇太后也没有察觉——也许是因为别的事情牵扯了她的注意力：朝廷竟然这么快就被一群儒家人物把持了，而且这些人这么快就着手设计蓝图，妄想改天换地。

坐镇后台的老祖母，和刚刚被推上前台的小孙儿，终于要爆发矛盾了。

059
窦太后是怎么打击儒家官僚的

这一讲,继续武帝建元二年(前139年)。前一年里,朝廷的儒学转向来得太快、太陡,所以,新方向和旧轨道很快就摩擦出刺耳的噪音。

儒道之别

只要儒学一登场,关键词就一个:搞事情。不管什么事,都要想办法大操大办:衣服的颜色要改,图章上的字数要重新确定,凡此种种。操办的人乐此不疲——因为搞的事情越多、越大,他们的支配欲和成就感就越能得到满足,但被操办的人就苦不堪言。道家面对这种景象,一定会摇头叹息,说搞政治的关键不是做加法,而是做减法,不是有所必为,而是有所不为,多一事不如少一事。

可以拿养马来打个比方。儒家养马,会不断在马的身上加东西，又是鞍韂（chàn），又是銮铃，还得规定鞍韂要绣怎样的花，銮铃要依据怎样的规范奏响节奏，就连鬃毛都要仔细修剪，设计固定的发型；而道家养马，则是做减法，把马身上所有能甩掉的东西都甩掉，随便马儿饿了就吃，渴了就喝，想跑就跑，想卧就卧。那么不问可知，只有在道家这里，马儿才能健康快乐。

这个道理非常好懂，并不需要等到遥远的西方世界出现亚当·斯密、哈耶克、弗里德曼[1]，用连篇累牍的著作和苦口婆心的态度才能说清楚。然而在现实世界里，只有在大乱之后，才会有所谓清净无为、休养生息。而只要休养出了生机勃勃的样子，道家就一定会退场。因为皇帝会有一个不太好出口，却一针见血的问题："马儿倒是健康快乐了，可是谁来给朕拉车呢？"

所以，清净无为和休养生息这样的政治路线，注定只会是阶段性的，一旦见效，就会被挤出历史舞台。当然，旧制度总会有惯性，建元二年的惯性，集中体现在太皇太后的影响力上。

---

[1] 三人都是西方经济学家，主张减少政府干预，让市场自由运作。

太后大怒

原文：

太皇窦太后好黄老言，不悦儒术。赵绾请毋奏事东宫。窦太后大怒曰："此欲复为新垣平邪！"

老年人天然就有保守倾向，看不惯年轻人瞎折腾，而年轻人天然就有浪漫激进的倾向，看不惯老年人因循守旧。十八岁的汉武帝身边，聚集了好几个爱折腾，也能折腾的人，让他越发按捺不住那颗年轻的、跃跃欲试的心。太皇太后心里一定很不是滋味，因为丞相窦婴是窦家人，太尉田蚡是自己儿媳的弟弟，田蚡封侯还是自己一手张罗的，明明都是自家人，怎么好端端都跑到儒学阵营里了？

太皇太后在为小孙儿掌舵护航，这当然会让改革派阵营束手束脚。矛盾终于爆发了，导火索是赵绾向武帝上奏，说以后朝廷大事就别去跟太皇太后汇报了。太皇太后勃然大怒，恨恨地说出一句话："他这是要当第二个新垣平吗？"

新垣平的事迹前文讲过，他是文帝朝的大红人，凭着方术赢得文帝的宠信，一跃成为政治新贵。虽说新垣平搞的是装神弄鬼的方术，但方术和儒术就像一对孪生兄弟，都是利用某些原理搞预测，积极影响自然力的运转。所以在文帝前十六年（前164年），文帝再次祭祀五帝祠，给新垣平晋升官职，赏赐接二连三，又安排他和博士官、儒生一道撷取儒家六经之精华，制定全新的政府职官制度。另外巡狩、封禅等通通提上日程，还在长门道北为五帝立坛。这一系列操作，已完全是儒家的繁文缛节风格，完全背离了文景时代的所谓无为而治。[1] 不难想见，虽然儒家内部会觉得赵绾、王臧是儒生，新垣平是方士，二者泾渭分明，正邪不两立，但在太皇太后看来，赵绾、王臧这套和当初新垣平那套，没什么不同。

按说最让太皇太后光火的，应该是申公才对。毕竟论资历、地位、学术影响力，至少在长安地区，申公是当之无愧的儒学泰斗。申公他老人家如果给出什么儒学意见，哪怕只是轻飘飘的一句话，也能发出海啸般的轰鸣。

但是申公并没有成为意见领袖，没有积极报答当今天子的知遇之恩。这应该和他在景帝时代的遭际有关。当初申公是楚王刘戊的老师，被刘戊抓到闹市上，

---

[1] 详见前文第015讲。

穿着囚徒的衣服舂米,斯文扫地。[1] 脱难之后,申公退归家乡鲁地,闭门教书,还谢绝了一切宾客,只有鲁王召见才会出门一趟。申公是《诗经》专家,在老家传授诗学,但仅仅讲解字义词义,并不阐发经义。(《史记·儒林列传》)很明显,申公伤透了心,不想跟政治再扯上任何关系。所以,被安车蒲轮请到长安后,面对这普通人眼里无上的殊荣,申公态度特别消极。武帝拿他没办法,赵绾、王臧也没拿到自己想要的金字招牌。正因如此,申公才得以置身于儒道斗争的漩涡之外,太皇太后只看见上蹿下跳的赵绾、王臧,根本就没看见这位老先生。

黯然收场

原文:

阴求得赵绾、王臧奸利事,以让上;上因废明堂事,诸所兴为皆废。下绾、臧吏,皆自杀;丞相婴、太尉蚡免,申公亦以疾免归。

于是,太皇太后秘密派人,查出赵绾、王臧的不

---

[1] 详见前文第023讲。

法行为，责成武帝处理。铁证如山，武帝无法法外开恩，大概也恨二人不争气，总之，犯法就下狱，公事公办。至于明堂，还有杂七杂八的儒家改制之事，自然也就通通搁置。

在人生的最后关头，赵绾、王臧倒没给儒家丢脸，双双自杀，申公也告病回家。重要的是，丞相窦婴和太尉田蚡也受到牵累，同时被免了职。这本是一个罢黜百家、独尊儒术的崭新局面，没想到刚开始，就灰头土脸收场了。套用《麦克白》的台词，儒学，"不过是一个行走的影子，一个在舞台上指手画脚的拙劣的伶人，登场片刻，就在无声无息中悄然退下。它是一个愚人所讲的故事，充满着喧哗和骚动，却找不到一点意义"。（[英] 威廉·莎士比亚，朱生豪等译《牛津版莎士比亚：麦克白》）

不过，时间总是站在年轻人一边。武帝什么都不用做，只要把太皇太后熬死就好。太皇太后其实犯了一个大错：自己已经老了，窦家靠得住的人，只有远房侄儿窦婴一个，所以，就算要罢免所有亲儒分子，也该对窦婴网开一面。要知道这时，外戚已不是一家，而是两家，王太后的弟弟们才是皇帝的亲舅舅，太皇太后的远房侄儿可不占什么血缘优势。

万石君

原文：

初，景帝以太子太傅石奋及四子皆二千石，乃集其门，号奋为"万石君"。万石君无文学，而恭谨无与比。子孙为小吏，来归谒，万石君必朝服见之，不名。子孙有过失，不责让，为便坐，对案不食；然后诸子相责，因长老肉袒谢罪，改之，乃许。子孙胜冠者在侧，虽燕居必冠。其执丧，哀戚甚悼。子孙遵教，皆以孝谨闻乎郡国。及赵绾、王臧以文学获罪，窦太后以为儒者文多质少；今万石君家不言而躬行，乃以其长子建为郎中令，少子庆为内史。

太皇太后没想那么远，只是想赶紧把大言炎炎的儒生清除出政治舞台，换上黄老风格老成持重的干部。看来看去，石奋一家是最好的人选。

石奋本人资历很老，早在楚汉相争时，十五岁的他就在追随刘邦，不过那时毕竟年纪小，功劳浅，没混出什么头脸。熬到文帝时代，石奋升任太中大夫，算是进入了高级官员的行列。石奋是穷人出身，参军又早，没文化，如果说有什么特长，那就是把谦恭和谨慎做到了极致，天下无人能及。（《史记·万石张叔列传》）

后来，石奋被公推为太子太傅。太子，也就是汉景帝即位之后，虽然尊敬老师，却不想他离自己太近，于是就调他去当诸侯国相。石奋的长子石建、次子石甲、三子石乙、四子石庆，简直就是父亲的翻版，也都当上了二千石级别的高官。景帝很感慨，说人臣的尊崇都集中在石奋一家，于是给了他一个称号：万石君。所谓万石，一是切合石奋的姓氏，二是表明石奋父子五人都是二千石级别，加总就是万石。

万石君的出现，既是太平年景的特点，也是大型组织的特点——一个人并不需要有任何特长，只要认真当好螺丝钉，不存非分之想，那么论资排辈，总能逐渐升迁，每一步都稳稳当当。而那些耀眼人物，如赵绾、王臧，今天连升三级，明天就可能一落千丈。只有石奋一家才是时间的朋友。那么问题来了：石奋没文化，这些优秀的孩子是怎么教育出来的？答案是：端正自我，以身作则。

石奋的子孙，无论做了多小的官，只要是个官，回家时，石奋一定穿着朝服接见，并且不会直呼子孙的名字。场面大概是这样的：有个小孙儿当了科长，石奋会叫他石科长，而不会像普通长辈那样直呼晚辈名字。如果子孙犯了错，石奋并不责备，只是坐在一旁，任凭饭菜摆在眼前，就是不吃。直到几个孩子互相批评，犯错的人诚恳认错，再加上长辈求情，石奋才肯吃饭。成年子孙在身边时，就算平时居家，石奋也一定要戴上冠，全身上下一丝不苟。尤其在操办丧事时，石奋总是显得特别悲伤。就这样，子孙们有样学样，以谦恭和谨慎名闻天下。石奋一家和赵绾、王臧等人相比，真是反差巨大。

太皇太后重新安排，任命石奋的长子石建为郎中令、四子石庆为内史。第三辑里讲过，郎中令虽不是最大的官，却是最核心的岗位，向来由皇帝最亲信的人担任。秦二世时，担任郎中令的是赵高、赵成兄弟。汉文帝刚刚入主未央宫时，连夜任命张武为郎中令。[1]至于内史，相当于长安市长，前任是酷吏宁成。从宁成到石庆，可见政治风格的转换有多么剧烈。

---

[1] 详见《资治通鉴熊逸版》（第三辑）第230讲。

060

武帝的初次大展宏图是怎样夭折的

太皇太后任命石奋的长子石建为郎中令,取代王臧,任命四子石庆为内史,补了宁成的缺。郎中令和内史都是核心岗位,换人换得这么陡然,显然政治路线要变。

儒学政治

当然,宁成入狱是受了仇家陷害,而太皇太后只是对儒家官僚意见很大,《资治通鉴》的原话是"窦太后以为儒者文多质少"。"文"是外在的,诸如改正朔、易服色、建明堂之类,都属于"文";"质"是内在的,《红楼梦》里的刘姥姥就是典范,虽然粗鄙无文,和小姐太太们打交道总会闹出不少笑话,但心地纯良,关键时刻特别靠得住。对于"文"和"质"的关系,孔子给出的标准是"文质彬彬",恰如其分的"文"配合恰如其分的"质"，也就是刘姥姥的心肠，配上绅士、淑女的举止。

我们很容易接受孔子"文质彬彬"的标准，是因为它针对的是君子修身，到今天也不过时，但汉朝的儒学并不是这个路数——从叔孙通制礼，拿儒学为朝廷划秩序、定尊卑，到贾谊拿儒学改正朔、易服色，再到董仲舒拿儒学搞天人感应，破解宏大的宇宙秩序，然后赵绾、王臧又要改正朔、易服色，还添了一个建明堂——政治属性和宗教属性都特别强，和个人修养的关系反而很弱。

在政治属性上，儒家就不存在"文质彬彬"这个选项了，它自身就属于"文"，而道家哲学的无为而治才属于"质"。儒家用人，用的是赵绾、王臧之辈，这些人折腾得越狠，权力寻租的空间就越大，给社会造成的动荡也就越大。再看看石奋一家，老实巴交，能做事却不生事、不多事。

赵绾、王臧等人若只是改正朔、易服色、建明堂，倒也不太惹人嫌，但《资治通鉴》有一处关键没交代，那就是他们要用礼制来规范权贵——他们让逗留长安的彻侯该回国的就赶紧回国，还纠察窦氏外戚和刘氏宗族中品行不端的人，开除他们的族籍。(《史记·魏其武安侯列传》)

让彻侯们离开长安，各回各的封国，这不是新鲜事，文帝早就做过，还让周勃做过表率，但武帝时代有了新情况：封侯封滥了，窦氏和王氏这两支外戚纷纷封侯，而他们又和皇族联姻，娶的都是公主，在长安过着千好万好的小日子，谁也不想离开。还有那些被开除族籍的人，当然也不会坐以待毙。这些男男女女整天到太皇太后那里说新政的坏话。老太太最疼自家人，这才动了雷霆之怒，要彻底扭转被儒家官僚带歪的政治风气。

诚惶诚恐

原文：

建在上侧，事有可言，屏人恣言极切，至廷见，如不能言者，上以是亲之。庆尝为太仆，御出，上问车中几马，庆以策数马毕，举手曰："六马。"庆于诸子中最为简易矣。

要改变政策走向，扭转政治风气，当务之急就是果断换掉核心岗位上的人，用谨小慎微的人取代过于激进的人。但问题是，仅凭谦恭和谨慎，石家兄弟能胜任这样关键的岗位吗？

石建担任郎中令，并不是唯唯诺诺，没自己的见解，只是表达的方式很讲究：如果有事要对皇上进谏，让人回避之后，他会畅所欲言，态度特别恳切，而到了朝堂上，他却笨嘴拙舌，好像连话都不会说。因为这个缘故，石建很受武帝的尊重。

《史记》还有一段记载，说石建担任郎中令，有一次奏报工作，文件批复下来，才发现自己写错了字，"马"字缺一笔。石建不禁大惊失色，诚惶诚恐，生怕皇帝怪罪下来，那自己就死定了。(《史记·万石张叔列传》)

这段情节，让人联想到契诃夫的讽刺小说《小公务员之死》，但问题是，契诃夫笔下的小公务员真的只是一名低级职员——不要说他本人，就算是把他吓死的那位长官，比石建都不知低多少级。石建现在的职位，是秦二世时赵高做过的职位，别人怕他都来不及，而他却对一个小小的错字有这么大反应，简直已是病态。不过，这样的病态，正是中央集权的模式下官僚阶层的正常状态——他们的浮沉荣辱完全掌握在皇帝手中。对比一下，刘邦时代的高级官员，萧何也好，曹参也罢，都是既有封地，也有官职。封地保障了他们的股权收益，官职保障了他们参政议政的权力，因此当时的政权是股份制的共治模式。而到了武帝时代，石奋一家虽品级加总达到"万石"，不可谓不惊人，但也只是皇帝的高级雇员,因此诚惶诚恐才是安身立命之本。

石庆的表现又如何呢?在石奋的几个儿子当中,石庆是性格最洒脱的一个。即便是他,担任太仆时,有一次他为皇帝备车,皇帝问他驾车的有几匹马——请注意,问的是眼前驾车的有几匹马,而不是远处的地上有几只蚂蚁,石庆的反应堪称一绝,举起马鞭,挨个数过一遍,这才举手回答说:"有六匹马。"现在石庆补了宁成的缺,长安地区的富贵人家一定会额手称庆。

田蚡日横

原文:

窦婴、田蚡既免,以侯家居。蚡虽不任职,以王太后故亲幸,数言事多效。士吏趋势利者,皆去婴而归蚡,蚡日益横。

窦婴和田蚡虽被免职,但爵位还在,更要紧的是,外戚的身份还在。尤其是田蚡,免职是太皇太后的主意,而不是王太后的主意,王太后依然对他很好。所以,田蚡虽无官无职,只是个富贵闲人,但政治影响力还在,意见不但可以顺利传达到武帝那里,还很受武帝重视。而窦婴的外戚身份则来自太皇太后，和王太后没关系。这一被太皇太后免职，他虽然表面上和田蚡一样成了富贵闲人，但政治影响力瞬间清零。二人的爵位和职位现在依旧相当，但实力和境遇有了天壤之别。于是，原先巴结窦婴的人纷纷掉头，转而巴结田蚡去了。

境遇改变态度。一个人必须有极高的修养，或者有石奋一家那种病态的自我约束，才可能做到"不以物喜，不以己悲"，无论在山巅还是谷底，都一样淡然。但这怎么可能呢？人生如赛场，假如奥运选手个个如此境界，无论拿金牌还是被淘汰都一样淡然，比赛肯定没法看了。

儒家给出了一个合情合理的解决方案："**君子忧道不忧贫**"。君子在乎的是能否弘扬"道"，至于弘扬过程中是升官还是免职，是发财还是破产，都无所谓。升官发财当然是好事，但只能是弘扬"道"的副产品，而不能取代"道"成为人生目标。所以，无论升多大的官，发多大的财，君子都不会有太大感觉，那么表现淡然，自然就在情理之中了。

但问题是，这样的人少之又少，至少田蚡、窦婴都不是君子。田蚡原先做郎官时，对窦婴毕恭毕敬，拿他当爹一样伺候；现在风水轮流转，田蚡开始"得志便猖狂"，窦婴迅速被边缘化了。两人接下来会怎么相处呢？中央集权的模式下，这种事会越来越多。

原文：

春，二月，丙戌朔，日有食之。

三月，乙未，以太常柏至侯许昌为丞相。

春二月，日食。三月，柏至侯许昌出任丞相。

许昌是第三代柏至侯（《汉书·高惠高后文功臣表》），开国功臣的后人，太皇太后启用许昌为相，也算延续传统。同时，武彊侯庄青翟任命为御史大夫（《汉书·窦田灌韩传》），他和许昌一样，也是第三代军功侯，后来也当上了丞相。《汉书》总结道，这几位都是论资排辈当上官的，为人谨小慎微，没有任何建树。（《汉书·张周赵任申屠传》）

当然，从道家立场看，没有建树才是最好的，"萧规曹随"就是好榜样，怕就怕无事生非的改革家。这些军功侯的继承人，反正吃的是祖上的福利，并不需要凭业绩来证明自己，也就不存在"新官上任三把火"的动力。就这样，汉武帝的初次大展宏图彻底夭折。也许是矫枉过正的缘故，太皇太后的无为而治，比文帝、景帝还要彻底。

061

武帝后宫发生了什么变故

太皇太后为朝政纠偏,年轻的汉武帝有没有备受打击呢?貌似并没有。汉武帝虽然只有十八岁,却能够面对挫折,认清强弱。还有一个原因,那就是夫妻关系搞得小皇帝焦头烂额。想想看,即便是一代雄主,在今天读高三的年纪,就要处理夫妻矛盾,摆平岳母大人,实在考验智商和情商。

刘嫖无厌

原文:

初,堂邑侯陈午尚帝姑馆陶公主嫖。帝之为太子,公主有力焉,以其女为太子妃。及即位,妃为皇后。窦太主恃功,求请无厌,上患之。

刘嫖既是武帝的岳母,也是姑妈,当初嫁给了第三代堂邑侯陈午，育有二子一女。刘嫖原本想把女儿嫁给太子刘荣，没想到刘荣的生母栗姬是个高度情绪化的人，非但没有借机缓和二人的关系，让太子刘荣拥有刘嫖这样一个强援，反而跟刘嫖撕破了脸。这样一来，精明的刘嫖便退而求其次，和王夫人联姻，把独生女嫁给了当时还是胶东王的皇子刘彻。刘嫖的初衷，是通过联姻做下一任皇帝的岳母，而非区区一介诸侯王的岳母。目标没变，但太子可以变。于是，在刘嫖的精心策划之下，太子刘荣先被废，再受审，最后自杀，栗姬也含恨而死，刘彻成为新的太子。[1]

所以，在景帝驾崩、太子即位之后，刘嫖就开始膨胀了。当然，她有膨胀的道理，且不说她如愿以偿做了皇帝的岳母，更重要的是，若非她的运作，武帝这辈子都和皇位无缘。武帝的这份泼天富贵，通通都是她刘嫖给的，既然如此，索要一点回报总是应该的吧？

从这里，我们再次领略到，帝制国家并非一个公共组织，而是帝王的家产。既是家产，就必须从家族经营的角度去理解它。"二十四史"为什么只关注帝王将相，不关注平民百姓？这完全可以理解。

---

[1] 详见前文第038讲。

皇后骄妒

刘嫖向女婿一会儿要这，一会儿要那，没完没了。如果夫妻感情好，武帝大概会愿意满足岳母大人的各种要求，但是，老婆大人更让他头疼。

原文：

皇后骄妒，擅宠而无子，与医钱凡九千万，欲以求子，然卒无之，后宠浸衰。

武帝的这位陈皇后，就是传说中的陈阿娇。在《汉武故事》里，武帝刘彻还是小孩时，刘嫖有一次把他抱在膝盖上，问他想不想要个老婆。刘彻回答说："想。"刘嫖指着身边上百名宫中女子，问他想要哪个，刘彻通通不要。最后，刘嫖指着自己的独生女、当时还是小女孩的陈阿娇问道："阿娇怎么样？"刘彻笑了，答出一句千古名言："好！若得阿娇作妇，当作金屋贮之。"成语"金屋藏娇"就是这么来的。

这个故事，可靠性很低，但影响力很大。故事里的陈阿娇，现在已是陈皇后，性格特点是"骄妒"，行为特点是"擅宠"，生活现状是"无子"。在帝王世界里，前两点是门当户对的婚姻最容易出现的问题，如果再有第三点加持，离悲剧就不远了。

我们看武帝之前的几位皇帝：刘邦两口是患难夫妻，共患难易，共富贵难；惠帝两口门当户对，很不幸福；文帝两口地位悬殊，文帝在做诸侯王时，身边那么多女人，最喜欢的就是民女出身的窦氏，最后相携到老；景帝的原配也门当户对，但日子过不下去，最后上位的是他最喜欢的王夫人，而她不但是民女出身，还结过婚，生过娃，两人也相携到老。

当然，文帝、景帝都没活过五十岁，假如他们活得更久，感情很难说会不会发生变化，但即便有了变化，两位皇后大概也会表现出让现代女性无比愤怒的宽容态度，最后夫妻关系依然和睦融洽，皇后和太子的地位依然不可撼动。不难想见，门当户对的女子很难容忍这样一种相处模式。尤其是陈皇后，自幼锦衣玉食，养尊处优，骄纵任性，和皇帝特别不见外，更何况皇帝能坐上这个位置，靠的还是自己的母亲妙手周旋，所以，皇帝必须只宠自己一个，必须对自己好。

但陈皇后并不傻，她明白，作为女人，自己后半生能够倚靠的只有儿子，如果自己生不出太子，未来的天空就注定只有一片阴霾。但偏偏她就是生不出，哪怕花重金延请名医，依然改变不了现状。而且武帝对她的感情也不如从前了。

稍加恩礼

原文：

皇太后谓上曰："汝新即位，大臣未服，先为明堂，太皇太后已怒。今又忤长主，必重得罪。妇人性易悦耳，宜深慎之！"上乃于长主、皇后复稍加恩礼。

王太后作为婆婆，按说不会对这样一个儿媳有多大好感，但她不愧是传奇女子臧儿的女儿，特意提点儿子说："你刚刚即位，大臣们还没有发自内心地认可你，而你先前建明堂，已经惹太皇太后不高兴，现在又惹恼了长（zhǎng）主，你的麻烦可就大了。女人的天性，就是禁不住哄，你好好想想吧。"于是，武帝努力对陈皇后和岳母刘嫖恢复了一些从前的态度。

王太后的话，显示出既朴素又高明的家庭智慧和政治心机。作为母亲，她的核心出发点是要儿子过得更好，不能在翅膀还没长硬时就和盟友闹翻，搞得众叛亲离。让人吃惊的是，这样劝人隐忍的建议，年仅十八岁的汉武帝竟然听得进去。

这里需要解释一下当时的称谓习惯。我们看《资治通鉴》这段记载，短短几十个字，对刘嫖一人却出现了三个称谓：直接提到她时，先是称呼"馆陶公主嫖"，又改称"窦太主"，而在王太后那段话里，作为直接引语，称呼是"长主"。这是怎么回事呢？

皇族女眷中，皇帝的女儿称公主，皇帝的姐妹称长公主，皇帝的姑姑称大长公主。刘嫖是文帝的女儿，在文帝时代称公主，因她的汤沐邑在馆陶，所以称馆陶公主。在景帝时代，刘嫖是景帝的姐姐，称长公主，或馆陶长公主。而到武帝时代，刘嫖就该称大长公主或馆陶大长公主了，被王太后简称为"长主"。

但刘嫖明明姓刘，为什么要叫"窦太主"呢？"太主"的"太"，相当于"大长公主"的"大"，两字可以通用，"太主"就是"大长公主"的意思，而"窦"是刘嫖母亲的姓。用母亲的姓来称呼孩子，在当时并不罕见。比如，被刘嫖害死的前太子刘荣，因为其生母是栗姬，所以史书上会称他为栗太子。将来，汉武帝立卫子夫为皇后，封她亲生的儿子为太子，会在史书上被称为卫太子。大概是因为有过太子废立的变动，所以最方便称呼前任太子的方式就是冠以母姓。这样看来，刘嫖被称为"窦太主"就不奇怪了。这一时期，人的称谓正在重新形成规范，在此过程中，难免会出现一些过渡性的称谓方式，它们将在未来被逐渐淘汰，逐渐遗忘。

卫子夫受宠

原文：

上祓霸上，还，过上姊平阳公主，悦讴者卫子夫。子夫母卫媪，平阳公主家僮也；主因奉送子夫入宫，恩宠日隆。陈皇后闻之，恚，几死者数矣；上愈怒。

汉武帝虽然在母亲的劝说下改变了对妻子和岳母的态度，但只是勉为其难，只要稍遇到一点外力撩拨，就会一触即溃。

某天，武帝到霸上做祓（fú）除祭，这个活动半是禳灾祈福，半是春游踏青。回程时，武帝到姐姐平阳公主家歇脚，喜欢上姐姐家一位名叫卫子夫的歌女。回想一下皇帝和自家姐妹的相处模式——刘嫖作为汉景帝的姐姐，和弟弟搞好关系的关键手段，就是给弟弟送美女，因此被栗姬恨得咬牙切齿。如今经典模式重现，平阳公主作为汉武帝的姐姐，很积极地把卫子夫送给了弟弟。陈皇后听说后，怒不可遏，几度寻死。这非但没能挽回武帝的心，反而使武帝加深了对她的恶感。

陈皇后的愤怒情有可原，因为和她相比，卫子夫的出身过于卑贱。有一个细节《资治通鉴》没有交代：

卫子夫不但受宠，而且怀孕了。(《史记·卫将军骠骑列传》)看来，不能生育的问题，确实出在陈皇后自己身上，而她也确实"擅宠"，在平阳公主送来卫子夫之前，真的做到了把其他女人屏蔽在武帝生活圈之外。卫子夫的出现，忽然改变了一切。

在这件事上，《史记》的《外戚列传》和《卫将军骠骑列传》发生了严重矛盾，但后者不仅时间线清晰，而且逻辑链条完备。《资治通鉴》所用的史料就来自《卫将军骠骑列传》，精准地把事件发生的时间定位在了武帝建元二年（前139年）。

于是，戏剧性的一幕出现了：刘嫖为了替女儿出气，当然也是为了保住女儿的地位，要对卫子夫下黑手。但她没办法直接整治卫子夫，所以想出一个迂回策略：派人抓了卫子夫的弟弟，准备杀人泄愤。于是，权力顶层的斗争，忽然没了运筹帷幄和老谋深算，变成直截了当的下三滥。

062

卫子夫一家的命运是怎么改变的

将来的大汉皇后,母仪天下的卫子夫,就这样登场了。如果不是卫子夫和卫青飞黄腾达了,他们这种底层人家的家庭关系,是不可能被历史记录在册的。我们现在就借这一家人来看看当时社会生活最底层的样子。

卫媪传奇

原文:

子夫同母弟卫青,其父郑季,本平阳县吏,给事侯家,与卫媪私通而生青,冒姓卫氏。

卫子夫的母亲是卫媪。这不是一个正式的名字,大约相当于"卫大婶"。有可能她娘家姓卫,也有可能她嫁过姓卫的男人,总之,登上历史舞台时,她就已是卫媪了。

卫媪的身份，《史记》说是平阳侯的妾，《汉书》说是平阳侯的家僮。无论是"妾"还是"僮"，都属于奴婢阶层。从上下文推断，卫媪并没有成为某一代平阳侯的姨太太，而仅仅是平阳侯家里的一名婢女。

平阳县吏郑季到平阳侯家里当差，因利乘便和卫媪有了私情，而这时的卫媪，已是几个孩子的母亲。在和郑季相好前，卫媪至少生了一男三女。男孩叫卫长子，大概是卫媪生的第一个男孩。底层人士取名不讲究，既然是长子，就直接叫"长子"好了。后来大约在卫家发达后，卫长子改名叫卫长君，就像样多了。三个女儿，依次是卫孺（《汉书》作卫君孺）、卫少儿、卫子夫。卫孺和卫少儿也不是什么正式的名字，大约相当于卫娃儿、卫小娃。只有卫子夫的名字与众不同，大胆推测一下，这应该不是她的本名，而是平阳公主替她改的名字。从孩子们的姓名推断，很可能卫媪的娘家不姓卫，她的前夫才姓卫。这位前夫身份不详，不知是早死了还是发生了什么，总之自始至终就没被人提过。

卫媪和郑季相好之后，余勇可嘉，一口气生了三个男孩，依次是卫青、卫步、卫广。那么问题来了：这三个男孩既然是卫媪和郑季生的，自然应该姓郑，为何依旧跟了卫媪前夫的姓呢？郑季就算心胸再豁达，也没必要这样安排吧？

答案是：这三个男孩，原本确实要跟亲生父亲姓，只因后来卫子夫一步登天，姓卫就变得有利可图了。所以《史记》写卫青，是所谓"冒姓为卫氏"，卫步和卫广"皆冒卫氏"。（《史记·卫将军骠骑列传》）就这样，三个响当当的男子汉，为了沾姐姐的光，改掉了原本的姓氏，冒充卫子夫的亲弟弟去了。

家生奴隶

新问题来了：原本该叫郑青、郑步、郑广的这三兄弟，难道没上过户口吗？难道街坊邻居都不认识他们吗？随便就可以冒充别人的姓氏？

答案是：他们三个都是野孩子，上不了正式户口，因为母亲是奴隶身份，他们一生下来就是奴隶的命。我们看卫青的姐姐卫子夫，有的史料说她是歌女，有的说她是舞女，总之都是平阳侯家的奴隶，只是不干粗活，专门为主人提供娱乐享受。

我们对奴隶的刻板印象是：披枷带锁干苦力，被奴隶主虐待，挨最狠的皮鞭，吃最难下咽的伙食。而事实上，无论古今中外，总体来说，奴隶是很重要的人力资源，而且也有不同门类——有做管理的，有干苦力的，有做技术活儿的，有做服务业的，还有替主人打理生意的。而主奴关系，也可以是一种温情脉脉的准家人关系，情感羁绊非常牢固。最突出的例子，就是清朝的满人大臣在皇帝面前自称奴才，那是一种亲昵。汉人大臣可是没资格自称奴才的，就算位高权重，他们在皇帝跟前也只是外人，是雇员。

卫媪在主人家里和外人通奸，不但没有因奸情暴露而受到惩罚，反而堂堂正正地和奸夫苟且下去，生出来的孩子继续在平阳侯家里为奴为婢。彻侯的爵位和封地世代相传，奴婢也一样世代相传。所以，主人大概并不觉得奴婢通奸生娃是多大的坏事。

卫子夫和卫青这种，属于家生家养的奴隶。在正常的生活轨道里，他们会一直生活在平阳侯府，伺候老主人和小主人，还会像自己的母亲一样在这里生儿育女，给主人家生出第三代家生家养的奴隶。

今天，我们会觉得这种现象匪夷所思——既然不幸做了奴隶，眼看着一辈子都没法摆脱奴隶生活，自己认命也就是了，不要造孽把无辜的下一代带进这个残酷的轮回。但在当时，一来很多奴隶可能并没有避孕知识；二来在富贵人家为奴，生活未必比平民百姓差，甚至还更有保障；三来人的适应性很强，做奴隶久了，也就不觉得这种生活有多么难以忍受。如果有人劝他们不要生儿育女，他们只会看看身边的同伴，觉得大家都是这么过来的，为什么自己要搞特殊呢；最后一点，养儿防老，对奴隶来说也是一样的。主人家如果可以正常地代代传承，奴隶自然也会跟着生生不息。

卫子夫

我们看看卫子夫主人家的情况。平阳公主是汉武帝的姐姐，严格来说，应该叫长公主。她的汤沐邑并不在平阳，而在阳信，所以原本叫阳信长公主，因为嫁给了第四代平阳侯曹时，才被称为平阳公主或者平阳主。第一代平阳侯是开国元勋曹参，传到曹时已是第四代了。（《汉书·高惠高后文功臣表》）曹参时代的家奴，如果正常繁衍生息，到曹时这一代，差不多也是第四代了。

家生家养奴隶，这个传统一直延续到清朝。我们熟悉的《红楼梦》里，鸳鸯和柳五儿都是这种情况。贾赦作为贾府的老爷，要讨一个小妾，相中了鸳鸯。邢夫人去找鸳鸯商量，说了这么一番话："你知道，你老爷跟前竟没有个可靠的人，心里再要买一个，又怕那些人牙子家出来的不干不净……因满府里要挑一个家生女儿收了，又没个好的。"

妾属于奴隶，可以买卖，但买来的并不知根知底，不如所谓"家生女儿"。"家生女儿"指的就是家生家养的女奴。如果男女通称，就叫"家生奴"。鸳鸯的父母、兄嫂，都是贾家的仆人，所以她一生下来就注定要在贾家当丫鬟。要说鸳鸯的生活有多悲惨，倒也谈不上——她贴身伺候贾母，贾母待她不差。但要说她的生活有多好，也谈不上——贾赦被她拒绝后撂下了一句狠话："想着老太太疼她，将来自然往外聘作正头夫妻去。叫她细想，凭她嫁到谁家去，也难出我的手心。"

鸳鸯的嫂子劝她应了这门亲事，鸳鸯破口大骂："怪道成日家羡慕人家女儿做了小老婆，一家子都仗着她横行霸道的，一家子都成了小老婆！看的眼热了，也把我送在火坑里去。我若得脸呢，你们在外头横行霸道，自己就封自己是舅爷了。我若不得脸败了时，你们把忘八脖子一缩，生死由我。"（《红楼梦·卷四十六》）

鸳鸯的这顿骂，以我们今天的主流价值观来看，实在骂得痛快，但如果以历朝历代的主流价值观来看，纯属不识抬举。对比一下卫媪全家，卫子夫因为一个偶然的机会被皇帝宠幸——只是被宠幸而已，连个小老婆的名分都还没有——几个弟弟就跟着她改了姓。后来因为卫子夫平步青云，全家人都跟着她改变了命运。如果卫子夫是鸳鸯那样的性情，那就不会有大将军卫青，而只有家奴郑青了。

骑奴卫青

卫青生为平阳侯的家奴，少年时回到父亲郑季家里，被郑季安排去放羊。郑季的那些嫡生子，也就是卫青同父异母的哥哥们，都不把他当成兄弟，而是当成奴隶。有一次卫青跟着别人进入甘泉宫，那里有一名戴着刑具的囚犯给卫青相面，说他是个贵人，将来会封侯。卫青笑着说："我是家奴的孩子，不挨打挨骂就知足了，怎么可能封侯呢？"（《史记·卫将军骠骑列传》）

相面的事情，有可能只是后人的附会，但从这段记载来看，卫青作为家生家养的奴隶，即便是亲生父亲，也不拿他当真正的儿子。郑季的妻子应该是有正式户籍的民女，这两人生的孩子，也都是有正式户籍的嫡生子，对家产有继承权。而郑季一家的家产，卫青继承不到分毫，就连他这个人都不属于郑季家，而属于平阳侯家。

原文：

青长，为侯家骑奴。

等到长大成人，卫青做了平阳公主的骑奴。所谓骑奴，就是骑马的扈从。平阳公主出门时，卫青就会和别的骑奴一起，骑马跟随平阳公主的车驾。骑奴虽然都有漂亮的制服，又骑着高头大马，看上去甚至有点气派，但归根结底还是奴隶，被人看不起。若干年后，卫青已经官拜大将军，有一次带着任安、田仁两名家臣造访平阳公主。公主府的管家安排任安、田仁和府上的骑奴在同一张席子上吃饭，没想到这两人拔出刀来把席子割断了，高调表示自己不是奴隶，不屑于跟奴隶同席吃饭。（《史记·田叔列传》）其实任安、田仁都是穷人，经济条件未必比骑奴更好，但一来他们确实有点本事，自命不凡，二来他们出身清白，虽然是骑着马陪卫青来的，但很介意被人当成骑奴。

等到卫子夫入了宫，受了宠，卫青也就鸡犬升天，摆脱了奴隶身份，到上林苑建章宫当差去了。这时的建章宫还只是一座默默无闻的小宫殿，要等到几十年后，因为柏梁台失火，武帝根据巫师的意见进行扩建，它才成为一座重要而宏伟的建筑，而那时卫青已经过世。

在卫青刚刚摆脱奴隶身份的建元二年（前139年），假如汉武帝对卫子夫的热情只是转瞬即逝，那么，建章宫里的无名小当差，应该就是卫青所能达到的人生顶点。谁知道造化弄人，偏偏一波三折。

063
武帝是怎么任人唯亲的

卫青到上林苑建章宫当差，从此吃上了公家饭，不再是奴隶了。这时的他，应该特别感激命运对自己的眷顾。于情于理，这件事应当出自平阳公主的安排。毕竟，公主不遗余力地为皇帝物色美女，终于有美女得到了皇帝的青睐，那还不赶紧把人情做尽，将美女的家属们一个个安排妥当。

大难不死

原文：

大长公主执囚青，欲杀之。其友骑郎公孙敖与壮士篡取之。

卫子夫入宫后，不但得宠，听说还有了身孕，可想而知，陈皇后会是什么心情。于是，汉武帝的姑妈兼岳母，陈皇后的亲生母亲刘嫖，为了给女儿出气，竟然做了件难以想象的事情：派人抓了卫青，要把他杀掉。

遥想刘嫖当年，小女初嫁了，雄姿英发，如何给栗姬下套，如何让汉景帝改立太子，何等老奸巨猾，如今不知是不是被女儿撒泼搞昏了头，竟然出了这样一个昏招儿。就算她算无遗策，真把卫青这样一个无名小辈暗杀掉了，做得干干净净，不留任何线索，难道就能让武帝回心转意，丢开卫子夫，回到陈皇后身边吗？如果达不到这个目的，只会加深武帝对陈皇后的厌恶。武帝和卫子夫不需查证谁是凶手，只要他们认定是刘嫖做的，她和陈皇后就不会好过。

更何况刘嫖做不到算无遗策，世界总是充满意外。当时的卫青虽然只是一个小人物，却在新环境里结交了一个意气相投的朋友：骑郎公孙敖。

"骑郎"和"骑奴"虽只有一字之差，实质却天差地别。骑郎属于郎官系统，出身清白，家境殷实，离皇帝近，前途一片光明。在发现卫青身处险境之后，公孙敖特别够朋友，带上一伙兄弟把卫青抢了回来。但我们不了解的是，公孙敖在决定抢人时，知不知道自己是在跟谁作对？

卫青脱难

原文：

上闻，乃召青为建章监、侍中，赏赐数日间累千金。

卫青就这样捡回一条性命，然后，正应了"大难不死，必有后福"这句话，武帝听说事情的始末，召卫青为建章监、侍中，还把他的同母兄弟都提拔了。

我们留意一下卫青的新职位"建章监、侍中"——建章监是本官，侍中是加官，真正重要的不是本官，而是加官。卫青如果只是建章监，那就应该留在建章宫当差，不过不再是基层干部，而是建章宫的一把手。当然，建章宫的一把手也不过是个部门小主管，但加上"侍中"这个头衔就不一样了。"侍中"，顾名思义，经常需要在宫中侍奉皇帝，皇帝出行时，也要陪王伴驾。我们知道，郎官距离皇帝很近，但侍中更近、更贴身。皇帝随身用的清器、虎子、唾壶这些都归侍中管。清器就是坐便器，虎子就是尿壶，唾壶就是痰盂。[1]后来，即便卫青做到大将军，汉武帝见他时还是很随

---

[1] 《西京杂记·卷四》："汉朝以玉为虎子，以为便器，使侍中执之，行幸以从。"《后汉书·献帝纪》注引《汉官仪》："侍中'分掌乘舆服物，下至亵器虎子之属'。"

意，可以一边上厕所一边听他汇报工作，就是因为他做过侍中。(《史记·汲郑列传》)不然，皇帝接见大将军，不可能这么不见外。

话说回来，在年轻的卫青死里逃生之后，武帝不但给他升了职，还把他带在身边，短短几天就赏赐千金之巨。而且，凡是卫子夫的亲人，武帝都大力提拔。救了卫青的公孙敖也没落下，还有一个叫陈掌的，也跟着显贵起来。

陈掌其人，出身相当好，是开国元勋陈平的曾孙，但不是陈平爵位的继承人。陈掌曾和卫子夫的二姐卫少儿私通。武帝对卫子夫爱屋及乌，连她姐姐的前男友都提拔了。以陈掌的家世，和卫少儿原本只能是露水姻缘，但如今卫家一步登天，陈掌反要巴结卫少儿。若干年后，陈平爵位的继承人犯罪被杀，爵位撤销，陈掌还想凭卫少儿这层关系运作一下，自己去继承爵位，虽未成功，但也足见卫家的能量。(《史记·陈丞相世家》)

任人唯亲

卫子夫的大姐卫孺也有了好归宿，嫁给了太仆公孙贺。

这位公孙贺和救了卫青一命的公孙敖都是义渠人。这个义渠，就是战国时秦国宣太后诱杀义渠王之后，被秦国剿灭的那个义渠。第二辑里讲过，秦国灭掉义渠后，在义渠故地设置陇西郡和北地郡，连接原有的上郡，为此又修筑长城，防范北方胡人。义渠亡国后，幸存者们风流云散，纷纷回归游牧部落的生活方式。汉朝以后，义渠人常有归附。汉朝人最头疼的外患来自匈奴，而义渠人的饮食习惯、生活方式、骑射习俗，基本和匈奴一样，所以，汉政府给这些归附的义渠人配置了武器装备，安置在北部边境防御匈奴。[1]

公孙贺的父亲名叫公孙昆邪，前文已出场过一次。他在平定"七国之乱"时立有军功，受封平曲侯，升任陇西太守。（《汉书·景武昭宣元成功臣侯表》）当时李广就任上谷太守，天天和匈奴交战，而夸赞李广天下无双，请景帝爱护李广的，正是这位公孙昆邪。[2]

后来公孙昆邪违法乱纪，被褫夺爵位，但他的儿子公孙贺依然有他自己的政治前程，做了太子舍人。就是说，当武帝还在做太子时，公孙贺就已经是他的人了。等到武帝即位，自己人自然会受到提拔，连公

---

[1] 详见《资治通鉴熊逸版》（第二辑）第153讲。

[2] 详见前文第046讲。

孙贺和卫孺的婚事，都可能是武帝钦定的，这是武帝的一贯做派。

公孙敖和公孙贺都不是过场人物，后来他们都做了将军，追随卫青多次出击匈奴，然后封侯、升官，公孙贺甚至做到了丞相。汉武帝是一个特别任人唯亲的皇帝，还不是一对一的，而是爱屋及乌式的任人唯亲。这里讲的就是一个典型事例：从一个女奴身上，硬是牵出来一连串的朝廷栋梁。

武帝寻姐

原文：

既而以子夫为夫人，青为太中大夫。

作为核心人物的卫子夫，当然更要封赏。不久，卫子夫成为夫人，这是后宫等级序列里仅次于皇后的一级。武帝又封卫青为太中大夫——前一年武帝搞儒家改革，煞费苦心地从鲁地请来长安的那位儒学泰斗申公，被授予的就是这个职位。如果请韩非和商鞅就这些事谈谈看法，他们会说："其实，无论是年高德勋、被请来当旗帜的申公，还是出身微贱、年纪尚轻的卫青，都有一个共同点，就是寸功未立。如果皇帝实在喜欢他们，拿金银珠宝打赏即可，但官爵是国家重器，必须按照标准来，怎能说给就给呢？汉武帝显然是个亡国之君，折腾不了几年。"

还有一件上一年的事值得一并讲讲。武帝有个宠臣名叫韩嫣，某天告诉武帝一个秘密，说王太后还有一个女儿，现住长陵。武帝的反应是："你怎么不早说？"按说这种事，不管是韩嫣，还是别的什么人，确实都不方便讲。王太后当年还是民女时，嫁给一个叫金王孙的人，生了一个女儿。本来小夫妻可以和和美美过日子，没想到臧儿听信了算命先生的话，笃定女儿今后会大富大贵，于是硬把女儿抢回家，送进了太子宫。当时的太子，就是后来的汉景帝刘启。[1]

金王孙就算再忍不下这口气，也不可能冲进太子宫里寻人。没办法，日子还得继续过，但从此以后，他这位前妻当真富贵起来，一直成为皇后、皇太后。皇太后在民间有个前夫，还有个女儿，这种事不好说出去，所以王太后和这个女儿虽距离不远，当天就可车程往返，却再也不曾见面。

这时，金王孙已经过世，但他们的女儿顺利长大，还住在家里。忽然听说这件事，武帝的反应称得上激

---

[1] 详见前文第038讲。

情澎湃。他先是派人到金家调查，确认这个姐姐在家，然后亲自迎接，一路上出警入跸，浩浩荡荡，极尽招摇之能事。为了防止姐姐逃跑，他还派骑兵包围了金家。金姑娘闭门家中坐，忽然遇到这种场面，只吓得魂飞魄散，躲到床底下去了。武帝的随从把她从床下搜出来，架到武帝车前。武帝下了车，对着惊魂未散的金姑娘哭开了："啊，大姐啊，你为什么藏得这么深啊？"然后，武帝安排姐姐上了副车，疾驰而返，直接驶入长乐宫拜见太后。一家人就这样边哭边笑地团聚了。金姑娘受封修成君，得到了无数赏赐。（《史记·外戚世家》）

这就是汉武帝的风格，感情浓烈，精力旺盛，喜欢爱屋及乌，不管不顾地纵容，我行我素，一掷千金，很像一个纨绔子弟。这些特点将会伴随汉武帝的整个执政生涯，对国家和百姓而言，这到底是祸是福，就见仁见智了。

汉武帝建元三年

---- 064 ----

打击诸侯王政策是怎么终结的

奇异天象

原文：

夏，四月，有星如日，夜出。

初置茂陵邑。

这一讲，我们先来看武帝建元二年（前139年）剩余的几件事。当年夏四月，天现异象，有一颗星星像太阳一样在夜晚出现。这件事过于诡异，追溯史料出处，在《汉书·武帝纪》里是这样说的："夏四月戊申，有如日夜出。"并没有《资治通鉴》里的"有星如日，夜出"。

"有如日夜出"这句话怎么看都像病句，荀悦早在将《汉书》缩编为《汉纪》时，就加入了一个"星"字，司马光应该发现了同样的问题，所以采纳了荀悦的修改版。但这样改到底合不合适呢？从语法上看，有必要，但从常识来看，夜里出现一颗像太阳一样的巨型发光体，实在匪夷所思。但无独有偶，齐地海滨有一座成山，位于不夜县，突入海中，当地有祭祀太阳的神庙。《齐地记》记载，就在此地，太阳曾经在夜间出现，于是莱子在此建城，取名不夜城。（王子今《东方海王——秦汉时期齐人的海洋开发》）

不夜城的传闻渺茫难辨，汉以后，《晋书》有过"日夜出"的记载，这样的表达意味着，夜晚出现的那个巨型发光体就是太阳本尊。史官甚至给出了细节描述，说太阳"高三丈，中有赤青珥"（《晋书·天文志中》）。"高三丈"好理解，但"中有赤青珥"就有点难懂了，总之，看起来和平时不一样。

这种极端异常的天象到底预示着什么？就算不懂占星术，我们也能猜到人间要有天大的祸事发生。但竟然没什么灾祸。武帝寻到了失散民间的大姐，一家人其乐融融；武帝的感情生活也枯木逢春，他不用再强打精神，去应付撒泼讨嫌的陈皇后和贪得无厌的岳母大人；武帝的陵墓，工程浩大的茂陵也开始投入建设，直到半个多世纪以后，公元前 87 年，才终于竣工，可谓前无古人，后无来者。

景十三王

几家欢乐几家愁，武帝的兄弟们，还有更远的亲戚们，这两年过得焦头烂额，苦不堪言。

武帝的亲兄弟一共有十三个，因为都是景帝的儿子，《汉书》合称为"景十三王"。兄弟虽多，但对武帝而言，通通都是同父异母，没有一个同父同母的兄弟。回想汉景帝，因为同父同母的兄弟梁孝王刘武被母亲偏爱，搞出好大一番波折。而武帝不存在这个问题，他是王太后的独生子，一母同胞的只有四个姐妹。同父异母的兄弟中，和武帝血缘最近的，是王太后亲妹妹的四个儿子。但妹妹死得早，她这四个儿子各在各的诸侯国，王太后对他们的感情难免越来越寡淡，更别提武帝本人了。

武帝这十三个兄弟分别是五个女人所生，同母者为宗亲，《史记》合称为"五宗"。现在让我们盘点一下，先看栗姬这一宗。栗姬有三个儿子，长子刘荣当过太子，被废之后又被酷吏郅都问罪，气不过，自杀了，没有后人；河间献王刘德还活着，一派儒者风范，深受儒家人士喜欢；临江哀王刘阏早已过世，也没有后人，谥号"哀"王恰如其分。也就是说，栗姬这一宗，原本有三支，现在只剩一个河间献王刘德。

再看程姬这一宗。她也有三个儿子，分别是鲁共王刘馀、江都易王刘非和胶西于王刘端，都还健在。然后是贾夫人这一宗。她有两个儿子，赵敬肃王刘彭祖和中山靖王刘胜，也都健在。中山靖王刘胜，就是满城汉墓的墓主，身穿金缕玉衣的那位。而唐姬这一宗只有一个长沙王刘发，健在。

最后是王夫人，也就是王太后亲妹妹这一宗。她有四个儿子，老大广川惠王刘越已死，现任广川王是刘越之子刘齐；老二胶东康王刘寄，健在，和武帝关系最亲；老三清河哀王刘乘，健在；老四常山宪王刘舜，是景帝最疼爱的幺儿，健在。

诸侯悲怨

原文：

时大臣议者多冤晁错之策，务摧抑诸侯王，数奏暴其过恶，吹毛求疵，笞服其臣，使证其君。诸侯王莫不悲怨。

武帝这些兄弟和侄儿们，除了个别人之外，各有各的手段，各有各的难缠，都不是省油的灯。这还只是景帝的子孙，除了他们之外，还有不少资格更老的诸侯王。"七国之乱"以后，大国诸侯荡然无存，但在朝廷看来，小国诸侯依然不够小。武帝本人可能还没对这个问题太上心，但朝廷大臣多为晁错的遭遇愤愤不平，又因"七国之乱"的前车之鉴，很想再接再厉，狠狠削弱诸侯王的实力，打压他们的气焰。

当年晁错削藩，只有捋虎须的一腔孤勇，其实看不清胜负。但进入武帝时代，再议削藩，就已变成痛打落水狗，不必担心诸侯国搞合纵来抗衡中央政府，不然朝廷大臣们也不会这么热心。当然，百足之虫，死而不僵，诸侯王虽然没法再打硬仗，但对朝廷大臣下下绊子，使使坏，总还是行有余力的。

《资治通鉴》记载朝廷大臣们惩治诸侯王，并不是公事公办，而是带着情绪，吹毛求疵地要治诸侯王的罪，甚至严刑拷打诸侯王的臣属，逼他们揭发主君的罪行，至于会不会屈打成招，完全无所谓。诸侯王们每天过的是什么日子，我们完全可以想象。

这段记载出自《汉书·景十三王传》，但删掉了一段话，说朝廷大臣们顾虑诸侯王"皆以诸侯连城数十，泰强，欲稍侵削"。意思是，大臣们都认为诸侯国规模太大，实力太强，一国境内连城几十座，这可不行，必须逐步削弱。但问题是，经历了"七国之乱"，哪还有这种现象呢？大概司马光也意识到《汉书》这段话不靠谱，所以果断删了。

闻乐对

原文：

（三年）

冬，十月，代王登、长沙王发、中山王胜、济川王明来朝。上置酒，胜闻乐声而泣。上问其故，对曰："悲者不可为累欷，思者不可为叹息。今臣心结日久，每闻幼眇之声，不知涕泣之横集也。臣得蒙肺附为东藩，属又称兄。今群臣非有葭莩之亲、鸿毛之重；群居党议，朋友相为，使夫宗室摈却，骨肉冰释，臣窃伤之！"具以吏所侵闻。于是上乃厚诸侯之礼，省有司所奏诸侯事，加亲亲之恩焉。

武帝建元二年终于过去了。武帝建元三年（前138年），新年伊始，照例是各地诸侯王进京朝见的日子。武帝设宴，接待代王刘登、长沙王刘发、中山王刘胜和济川王刘明。这四个人，论起来都是汉文帝的后人。宴席上有音乐助兴，但刘胜听着音乐竟然哭了出来。

这段内容，还是出自《汉书·景十三王传》，和《资治通鉴》上一年结尾的那段原本是连着的。武帝看刘胜不乐反悲，很不理解，问他怎么回事。这一问，刘胜滔滔不绝："臣闻悲者不可为累欷，思者不可为叹息……"

《资治通鉴》里，刘胜的回答完全没有一丁点口语感，又是排比，又是用典，又是比喻，又是对仗。其实这已经是简化版了，因为司马光不喜欢收录文学内容，把《汉书》里刘胜对答的全文大刀阔斧删了不少，而原文是一篇非常华丽的汉赋，没有标题，后人给它取名为《闻乐对》。刘胜很有文采，恰好武帝对文学辞令很着迷，所以刘胜交出一篇美文倾吐心声，还真就打动了武帝。

开篇以"臣闻"两个字发端，意思是"我听说"，听说的内容是：心事重重的人，只要听到别人叹气，就很容易触绪伤怀。这可以算是一个小论点，然后文章用对仗结构抛出论据："故高渐离击筑易水之上，荆轲为之低而不食；雍门子壹微吟，孟尝君为之于邑（呜咽）。"这是讲古，说荆轲和孟尝君当初就是这样触绪伤怀的。接下来马上说回自己身上："今臣心结日久，每闻幼（yào）眇之声，不知涕泣之横集也。"意思是，我心里郁结太久，只要一听到扣人心弦的音乐，不知不觉间就会哭成泪人。

以上是文章的第一段,解释了自己在宴席上听着音乐忽然落泪,是因为心里憋屈。那么,因何憋屈呢?他进一步解释道:"夫众煦(xù)漂山,聚蚊成雷,朋党执虎,十夫桡椎。是以文王拘于牖里,孔子厄于陈蔡……"一堆骈四俪六的句式组合,要表达的无非就是"众口铄金,积毁销骨",坏人太多,好人被打压得太惨。

那么,这种不合理的现象何以发生呢?第三段又是以"臣闻"引出一堆排比句,最后揭示原因:"物有蔽之也。"是官员们蒙蔽圣听,背着皇帝胡作非为,欺负我们这些可怜的诸侯王。

官员们的做法为什么是胡作非为呢?第四段解释,又是以"臣闻"牵头,说诸侯王好歹都是皇室宗亲,和皇帝是一家人,而官员们都是外人,天下哪有纵容外人拆散家人、离间骨肉亲情的道理呢?文章最后引诗作为结尾,借古代诗人的忧伤来传达自己的忧伤:"《诗》云:'我心忧伤,惄(nì)焉如捣;假寐永叹,唯忧用老;心之忧矣,疢(chèn)如疾首',臣之谓也。"大意是:《诗经》里说,我好忧伤啊,叹气叹个没完没了,心如刀绞,愁啊,苦啊,受不了啊……这些诗句说的就是我啊。

这是一种经典的文章结构，直到今天都不过时。里面那些以"臣闻"牵头的排比和对仗，如果抽离出来，就是后来被称为"连珠"的格言体。(胡大雷《论"连珠"体起源于"对问"——刘胜〈闻乐对〉为连珠雏形论》)

刘胜交出一篇美文，接下来又大吐苦水，真的使武帝做出了政策调整，从此加大了对诸侯王的礼遇。但刘胜等人在长吁一口气之余，可能还想不到，在打击诸侯王的事上，武帝才是定局收官的那个皇帝。

065

庄助为什么力主救援东瓯

黄河水患

原文：

河水溢于平原。

大饥，人相食。

这一次，年轻的汉武帝遇到一个很大的难题：黄河在平原郡决口，饥荒爆发，史书上再一次出现"人相食"这毛骨悚然的三个字。

可是，不是说有文景之治的积淀，府库充盈，存粮都多到存不下，溢出来烂掉吗，怎么一场水灾就能导致饥荒呢？黄河决口会冲垮很多房屋，淹没很多农田，毁掉很多收成，造成很多伤亡，这可以理解。但国家的钱粮储备如此充足，就算不去抗洪抢险，让灾民吃饱饭总不是问题吧，怎么会"人相食"呢？

在武帝执政初期，这不是绝无仅有的现象，难就难在应该怎么理解这种现象。林剑鸣先生的《秦汉史》是这样说的："在地主阶级残酷剥削和压迫之下，人民陷于水深火热之中。据记载：武帝初年'河南贫人伤水旱万余家，或父子相食'(《史记·汲郑列传》)。这种悲惨现象越来越普遍：武帝初年有数年灾荒'民待卖爵赘子以接衣食'(《汉书·严朱吾丘主父徐严终王贾传》)。以后，凡遇水旱灾荒就有大批饥民被饿死、冻死，甚至出现人吃人的现象。"(林剑鸣《秦汉史》)

那么问题是，地主阶级的剥削和压迫，难道已经残酷到坐视"人相食"的惨剧发生，而不开仓赈济，宁可让陈年的粮食烂在地上吗？

《资治通鉴》的这段记载出自《汉书·武帝纪》，在后者的记载里，"人相食"之后还有一条内容："赐徙茂陵者户钱二十万，田二顷。"说的是武帝在给自己的茂陵设置陵邑后，凡是迁居茂陵邑的人家，每户赏赐二十万钱和农田两顷。因为这条史料和"人相食"紧挨着，有人认为二者存在因果关系，向茂陵移民其实就是赈灾措施，引导灾民逃离灾区，到其他地区生活和生产。(刘德成《中国财税史纲》)

但是，皇帝给自己修建陵园，迁徙关东人口入住，遵循的是"强干弱枝"的政治传统——迁过来的都是精挑细选的人家，不大可能无差别地接纳灾民。[1] 赐钱二十万也并不特殊，景帝当年就是这个标准。再说，这次的受灾地区平原郡，郡治在今天的山东省德州市平原县，距离长安山长水远，如果是高门大户正常迁徙倒没什么，可灾民都"人相食"了，又该怎么走完这一程呢？

所以，这段史料完全可以做出相反的解读，那就是黄河决口了，平原郡发生严重饥荒，甚至到了人相食的地步，而在关中地区，茂陵的建设依然按部就班，遵循传统，没有受到任何影响。更有可能的是，经过一代代皇帝"强干弱枝"的努力，关中和关东逐渐拉开了距离。关中地区的确繁荣富庶，所谓"太仓之粟陈陈相因"大约就是来自关中的真实见闻，但关东地区就没有这个实力了。如果天下郡国都有充足的钱粮储备，朝廷反而不安心。

所以，武帝一朝，关东地区一旦受灾，动不动就有流民几十万、上百万，甚至二百万，显然郡县政府和诸侯国都无力应对，但关中地区则固若金汤。早年间，诸侯国跨州连郡，让朝廷坐立不安，诸侯王既有

---

[1] 《汉书·地理志下》："后世世徙吏二千石、高赀富人及豪杰并兼之家于诸陵，盖亦以强干弱枝，非独为奉山园也。"

子子孙孙扎根当地的心，又有足够的人力物力可以调配，但随着诸侯国被越分越碎，诸侯王的权力也被架空，地方上的自我保护能力自然比不上从前。

废迁房陵

原文：

秋，七月，有星孛于西北。

济川王明坐杀中傅，废迁房陵。

秋七月，西北天空出现彗星。

济川王刘明杀了人，被贬到房陵。

到底怎么回事，又需要参照《史记》和《汉书》了。刘明是梁孝王刘武的儿子。刘武死后，汉景帝把他的几个儿子全部封为诸侯王，瓜分了刘武时代的梁国。关于刘明犯的罪，有的史料说他杀了太傅、中傅（《汉书·武帝纪》），有的说他射死了中尉（《史记·梁孝王世家》）。总之，他杀死的不是普通百姓，而是朝廷委派的官员，这是死罪。

对于这种案件，处理方式是有套路的：朝廷官员上奏，要治刘明的死罪，武帝不忍心，毕竟是亲戚，于是法外开恩，不杀了，只是废为庶人，迁居房

陵。至于刘明的济川国，当然由朝廷收回，划为郡县。（《史记·梁孝王世家》）

东瓯求援

原文：

七国之败也，吴王子驹亡走闽越，怨东瓯杀其父，常劝闽越击东瓯。闽粤从之，发兵围东瓯，东瓯使人告急天子。

皇帝处理这类事情当然手到擒来，但接下来发生的一事到底该怎么抉择，就很考验皇帝的执政水平了。事情发生在遥远的南疆：闽越围攻东瓯，东瓯派人来向汉帝国求援。

这其实是"七国之乱"的后续。前文讲过，吴王刘濞起兵时，争取过闽越的加入，但闽越不干，只有东瓯响应。所以兵败之后，刘濞心里是把东瓯当成盟友的。当刘濞准备逃往东瓯时，汉帝国重金利诱东瓯王，东瓯王马上见利忘义，砍下刘濞的头颅送给汉政府。但是，吴国太子刘驹成为漏网之鱼，逃到闽越去了。[1]

杀父之仇，不共戴天。刘驹在闽越落脚后，不断

---

[1] 详见前文第034讲。

唆使闽越出兵东瓯。这一次，闽越终于动手了，东瓯这才向汉帝国求援。求援未必是因为招架不住，而是因为在当时的朝贡体系里，闽越和东瓯都属于汉帝国的外藩，相当于认了汉帝国当大哥，自己做小弟。而小弟要守小弟的规矩，如果挨了打，不能还手，要请大哥出面解决。大哥也许会仲裁，也许会替小弟动武，那是大哥的事。但如果东瓯和闽越厮打起来，那就属于互殴，相当于两个小弟都没把大哥放在眼里。所以，东瓯要表达的态度是：闽越是坏小弟，我是乖小弟，大哥你必须帮我。

那么，站在汉帝国的角度，到底是出兵救援好，还是坐视不理好呢？汉武帝登基以来，少年心性，一直憋着劲儿想搞事情，只是被太皇太后压着，搞不起来。改正朔，易服色，建明堂，或是出兵打仗，表面上看风马牛不相及，其实对武帝来说都一样，都是搞事情，可以耀武扬威，发泄过剩的精力。那么，当时的大臣只要了解到这一层，就该清楚怎样说话才能让皇帝爱听。

天子义务

原文：

天子问田蚡，蚡对曰："越人相攻击，固其常；又数反覆，自秦时弃不属，不足以烦中国往救也。"庄助曰："特患力不能救，德不能覆。诚能，何故弃之！且秦举咸阳而弃之，何但越也！今小国以穷困来告急，天子不救，尚安所愬；又何以子万国乎！"

武帝先去征询田蚡的意见。田蚡这时应该还没有官复原职，只是一位闲居在家的皇亲。大概是骄纵久了，田蚡对这个皇帝外甥似乎并无小心逢迎之心，所以直抒胸臆，说越人之间你打我，我打你，本来就是常事，不必大惊小怪；而且越人反复无常，救了他们，他们也未必感恩，不值得我们劳神费力。当初秦朝就对他们放任不理，咱们一样不必去管。

话很在理，但是，政治新秀庄助有不同的意见。这位庄助，就是汉武帝即位之初，广招天下贤才那次脱颖而出的，和董仲舒算是同期生。董仲舒被派到了外地，就任江都国相，但庄助被提拔为中大夫，就在武帝身边当参谋。[1]

庄助的看法是：别拿秦朝当榜样，秦朝连首都咸阳都不要了，更别提别处。这种事，但凡管得起，就必须管。人家小国来向咱们求援，天子若不管，人家

---

[1] 详见前文第056讲。

还能找谁帮忙呢，咱们又凭什么养育天下万国呢？

庄助的原话里，最关键的一句就是"又何以子万国乎"。"子万国"，意思就是把天下万国都当成自己的儿子，这就是儒家的天下观——皇帝在汉帝国的疆域之内是皇帝，有生杀予夺的权柄，而在汉帝国的疆域之外，皇帝则是天子，是天的嫡长子，是天下所有政权都应该认同、尊重并且服从的大哥。要当这个大哥，就必须尽大哥的义务，代表"天"这个父亲，来关照各种小政权。就算是万里之外的哪个小国遭遇不公，大哥也应当不计成本地替小弟主持公道。再说，闽越和东瓯对汉帝国来说，都不是远在天边的外国，而是毗邻南疆的藩属国，彼此已确认过大哥和小弟的关系。如今闽越小弟不像话，去欺负东瓯小弟，东瓯来向大哥求援，大哥怎能见死不救？就算东瓯撑得住，不会死，大哥也应当奋起正义之师，鸣锣击鼓去惩恶扬善。如果这次不管，下次不管，以后谁还认这个大哥？

从这个角度看，田蚡的格局显然小了，只会算经济账，不会算政治账。庄助这番话，显然说到了武帝心坎里——做天下所有政权的大哥，还有比这更鼓舞人心的事吗？

现在，大人物田蚡和小人物庄助意见针锋相对，我们看汉武帝到底会如何决策。

066

庄助是怎样不靠虎符就调动军队的

在汉帝国南疆以南,闽越攻打东瓯,东瓯向汉帝国求援。对年轻的汉武帝而言,这是一个不大不小的政治考验——救,或者不救,各有各的道理。一旦做出错误选择,国家利益是否蒙受损失倒在其次,重要的是,自己的政治威望会被严重打击,这是年轻皇帝的自尊心绝不能容忍的。

虎符不出

原文:

上曰:"太尉不足与计。吾新即位,不欲出虎符发兵郡国。"乃遣助以节发兵会稽。

汉武帝会采纳谁的意见呢?我们不难想见,武帝正值精力过剩、渴望大展宏图的年纪,刚刚接手的又是一份相当丰厚的家业，一定会被庄助的意见搔到痒处。结果正是如此，但武帝的指令相当令人费解：一方面认为田蚡的意见不足取，一方面又说自己登基不久，不想动用虎符征调郡国的武装部队。也就是说，东瓯是要救的，但是虎符不能动。武帝的办法是，一事不烦二主，既然是庄助的主意，就派他去救东瓯，但不给他虎符，只让他持节，到南疆和越人接壤的会稽郡征调当地部队。

这可真是史无前例的安排。需要解释一下，"节"是使者的信物。如果庄助只是"持节"到会稽郡，当地官员看到他手里的"节"，就知道他是朝廷派来的使者，该接待就接待，该领受命令就领受命令。但是，庄助如果要调兵，那就必须有虎符不可。只有当使者手里的半枚虎符和当地保管的半枚虎符吻合时，地方军队才可供使者差遣。汉朝为了加强中央集权，给郡国的军事动员能力设置了重重枷锁，唯恐诸侯王和地方长官利用军队搞叛乱，搞割据。

这样一看，庄助"持节"到会稽郡调兵，分明是一项不可能完成的任务。那么，问题来了：武帝既然决定救援东瓯，让庄助带上虎符又是多难的事呢？看看武帝给出的理由，"自己登基不久"和"不给庄助虎符"二者之间好像看不出什么因果关系，这显然是在难为庄助。

那么，武帝不给庄助虎符，真实原因到底是什么呢？史料并未给出答案。不过不难想到，动用虎符是大事，大概过不了太皇太后这关。太皇太后是黄老之道的坚定旗手，政治理念是该放手时便放手，多一事不如少一事。如果直接去问她的意见，她的说法一定和田蚡一样。所以武帝的难题是，必须在不惊动奶奶的前提下，出兵击败闽越，解救东瓯，扬大汉国威于南疆。

另一个问题是，武帝为什么不委派别人，非要派庄助去呢？

如果把任务派给别人，那个人一定会向武帝讨要虎符，如果还是不给，使者到了会稽郡一定只是例行公事；郡守愿意破例当然好，那就出兵救援东瓯，而郡守要是不愿意破例，使者自己原路返回也能交差，谁都不担责任。所以，只要武帝不愿交付虎符，这件任务就只能派给庄助，毕竟主意是他出的，只有他才有克服困难、完成任务的积极性。

那么，事情到底能否顺利办成，就看庄助够不够灵活清醒，豁不豁得出去了。还好，庄助既灵活清醒，也豁得出去，毅然接下了这个不可能完成的任务，从长安出发，南下会稽郡。

非常手段

原文：

会稽守欲距法不为发，助乃斩一司马，谕意指，遂发兵浮海救东瓯。未至，闽越引兵罢。东瓯请举国内徙，乃悉举其众来，处于江、淮之间。

路途不近，庄助有的是时间构思行动方案。他在政坛毫无根基，只是刚凭着文章和见解受到赏识，还从没做出任何业绩，所以如果这次失败了，不但政治前途会彻底断送，恐怕连身家性命都要不保。他唯一的优势，就是自己家在会稽，对当地情况知根知底，生活在当地的亲朋好友也多。

通过这则事例，我们可以看到一个国家的最高决策是怎么形成的。国家是一个复杂的组织，而不是一个纯粹理性的、可以准确权衡利弊的个人，皇帝也未必就能乾纲独断。

庄助抵达会稽郡，郡守果然拒绝发兵。这种情形，庄助一路上应该已在头脑里演练了千百遍。不用非常手段，就无法打破僵局。

庄助准备的非常手段是，当场斩杀一名军官，挟杀人之威，宣讲皇帝不肯动用兵符的理由——应该只是表面理由。无论如何，策略奏效，会稽郡守当即在本郡调兵，驰援东瓯。至于那名无辜的军官，死就死了，谁让他在不恰当的时间、不恰当的地点，替自己的上司惹了不该惹的人呢？

复盘之下，我们会发现，庄助的这步棋走得相当冒险，很可能会稽郡守没被震慑住，反而被激怒。若公事公办，庄助并无擅杀朝廷命官的权力，郡守更无不见虎符就发兵的义务。但不管怎样，庄助毕竟不辱使命，接下来的考验就是用兵的成败了。

偏偏闽越不给力，看到汉帝国真的发兵，马上撤退，不打了。不过，从战术角度来看，这确实是明智之举——撤军就相当于给足了大哥面子，表示自己这个小弟对大哥是服气的。而汉帝国的军队不可能长时间在境外逗留，何况当时百越之地穷山恶水，宜居程度甚至不如北方边塞，更加无法久留。站在闽越的角度来看，不妨等汉军撤了，再来慢慢收拾东瓯。

闽越想到的，东瓯一样能想到。所以，东瓯提出一个一劳永逸的解决方案：请汉帝国接纳东瓯民众内迁。一个风俗习惯、文化传统和汉帝国大相径庭的国家，要放弃全部国土，举国内迁，从此做大汉子民，这相当于又给汉武帝出了一道政治难题。

067

武帝如何构建自己的参谋班底

东瓯内附

东瓯内迁,这种事如果放在今天,马上会引起所有人的高度警惕:东瓯国原有的国土说不要就不要了吗?这片土地被闽越占去可怎么办?对汉帝国而言,南疆原本有个对自己俯首帖耳的东瓯小弟,可以制衡一下不乖的闽越小弟,现在东瓯要搬走,将来该怎么制衡闽越呢?

现代人最容易想到的办法是:既然东瓯愿意举国内迁,那就简单一点,谁都不用动,把东瓯国划入汉帝国版图,变成汉帝国的一个郡,由汉武帝派驻郡县长官,实施郡县制管理。这样一来,既免去了搬迁和安置的麻烦,东瓯国民也如愿变成大汉子民,何乐而不为呢?闽越再想欺负东瓯,就等于直接对汉帝国宣战,闽越绝对不敢。

但在当时，如果闽越壮着胆子继续欺负东瓯，汉帝国想保护东瓯的话，用兵和物流成本太高，这笔账并不划算。更重要的是，古代人口比土地值钱，所以，未必"寸土必争"。即便在汉武帝统治的辉煌时代，汉帝国既可以开疆拓土，占领全新的疆域，也可以抛弃原属自己的某一疆域。经营一个帝国，就像经营一家公司，看到有盈利前景之处就去积极拓展，反之就该撤销的撤销，该裁员的裁员，没有那么多道德包袱。

越人所在的地盘，今天看来是祖国的大好河山，当时却属于穷山恶水，没人稀罕，所以当东瓯准备举国内附时，汉武帝欣然接纳。这次的移民规模，《史记》有具体数据，说有四万多人，被安置的地点也有记载，在庐江郡。[1] 庐江郡得名于境内的庐江，今天称赣江。文帝时，这里属于刘长的淮南国，他死后，淮南国被一分为三，分给他的三个儿子，其中刘赐分到的就是庐江国。"七国之乱"后，淮南三国重新洗牌，庐江国撤国为郡，所以到东瓯内附时，庐江郡就被用来集中安置东瓯国民。

那么，东瓯大规模内迁，闽越会不会乘虚而入？

---

[1] 《史记·汉兴以来将相名臣年表》："东瓯王广武侯望率其众四万余人来降，处庐江郡。"

事实上，闽越又折腾了几年，最后的归宿竟然和东瓯一样，举国内附，同样迁到江淮流域，相当于换了一种方式重新和东瓯人做了邻居。汉帝国对越人最大的担忧，就是他们倚仗穷山恶水，叛服无常，而在脱离穷山恶水，被纳入郡县制的管理体系之后，他们也就掀不起什么风浪了。至于闽越原先的地盘，汉帝国照旧不稀罕，就任它空着。

这次闽越退兵，东瓯内迁，算是汉帝国的一次伟大胜利，但蹊跷的是，庄助作为头号功臣，却没有得到升迁和嘉奖。原因大约有两个：一是武帝有必要保持低调，免得和太皇太后就基本国策问题发生正面冲突；二是接纳四万多东瓯土著到底算不算好事，怕是有争议的。当时有一种顽固的观念，认为蛮夷不是人，而是野兽，所以，蛮夷的土地都是穷山恶水，蛮夷本身也没什么价值。更何况，这是一下安置几万头野兽进来。直到汉帝国后来不断接纳蛮夷人口，这种观念依然很强。

《史记·平准书》综述汉朝经济，把东瓯内迁当成汉朝经济盛极而衰后的第一起标志性事件，不但江淮本地的原住民遭罪，财政负担也不小。[1]那么，反对的声

---

[1] 《史记·平准书》："物盛而衰，固其变也。自是之后，严助、朱买臣等招来东瓯，事两越，江淮之间萧然烦费矣。"

浪会有多高，也就不难想见了。

参谋部

不过，庄助这次完成使命，还有另外两层意义：一是让武帝尝到了违规做事的甜头，以后他会在这条路上变本加厉；二是极大地增强了武帝的执政信心，让他既有人手，又有底气，和老一辈唱对台戏。

原文：

九月，丙子晦，日有食之。

上自初即位，招选天下文学材智之士，待以不次之位。四方士多上书言得失，自眩鬻者以千数，上简拔其俊异者宠用之。庄助最先进，后又得吴人朱买臣、赵人吾丘寿王、蜀人司马相如、平原东方朔、吴人枚皋、济南终军等，并在左右，每令与大臣辩论，中外相应以义理之文，大臣数屈焉。然相如特以辞赋得幸；朔、皋不根持论，好诙谐，上以俳优畜之，虽数赏赐，终不任以事也。朔亦观上颜色，时时直谏，有所补益。

一朝天子一朝臣，这是政治常态。先帝留下的老臣，新皇帝用起来可能不顺手，要想顺手，就必须按自己的偏好来提拔新人。武帝正是这么做的，刚刚即位就广招"天下文学材智之士"，看中谁，就破格提拔。庄助是第一批入选的佼佼者，东瓯事件给了他初试锋芒的机会：不但在言辞义理上击败田蚡，而且有胆有识，亲自跋山涉水，杀人调兵，奇迹般地实现了自己的提案。

在庄助之后，自我推荐的人数以千计，被武帝看中并留在身边的，有吴人朱买臣、赵人吾丘寿王、蜀人司马相如、平原人东方朔、吴人枚皋、济南人终军等，相当于组成了一个御用参谋部。武帝经常安排这些参谋官和朝廷大臣辩论，大臣们根本说不过他们。

但是，大臣们到底是心服口服，还是口服心不服，这就很难讲了。在东瓯问题上，如果我们有机会采访下田蚡，他大概不会认为庄助说服了自己，只不过庄助一来会说漂亮话，二来小人心性，很会迎合武帝的小心思，三来运气好，仅此而已。

不过，武帝一手打造的这个参谋部，确实是一套明星阵容。庄助，我们见识过了。朱买臣就是故事"覆水难收"的主人公。吾丘寿王的才智被武帝亲口称赞"天下少双，海内寡二"。司马相如和东方朔都是今天家喻户晓的历史名人。枚皋是汉赋名家枚乘之子。汉武帝酷爱辞赋，即位后以延请申公的规格延请枚乘进京，没想到他死在了半道，所以当枚皋上书说自己是枚乘之子时，武帝很是惊喜。枚皋才思敏捷，和司马相如各擅胜场：比速度和出品数量的话，枚皋完胜，所以当时有"马迟枚速"的说法；但比质量，那就是司马相如的强项了。终军更是厉害人物，二十多岁就自告奋勇，域外立功，给我们留下了"请缨"的典故——唐代才子王勃的《滕王阁序》，有"无路请缨，等终军之弱冠"，用的就是这个典故，后文会讲到。

武帝在选拔人才时，不自觉地让自己的文学偏好形成了筛查标准。李白假如生活在武帝时代，一定可以轻松出道，大放异彩，何况武帝用人我行我素，李白的商人出身完全不会成为仕途阻碍。不知是武帝独具慧眼，还是运气爆表，总之，他选拔的这些年轻后进，不但文采好，能说会道，做事还特别干练。

此外，武帝还知人善任。司马相如口吃，说话和写文章慢，没关系，和朝廷大员辩论时政的事情大可交给其他人办，文章写得好就行。枚皋和东方朔不擅长引经据典，但才思敏捷，言语风趣，所以只是被武帝当成弄臣，虽然会大手笔地赏赐他们，却并不委以重任。这样看来，武帝虽有文学青年的习性，但并不乏政治家和优秀管理者的眼光。

纨绔子弟

原文：

是岁，上始为微行，北至池阳，西至黄山，南猎长杨，东游宜春，与左右能骑射者期诸殿门。常以夜出，自称平阳侯；旦明，入南山下，射鹿、豕、狐、兔，驰鹜禾稼之地，民皆号呼骂詈。

不过，《资治通鉴》接下来呈现的，是武帝作为纨绔子弟的一面。武帝正值精力旺盛的贪玩年纪，当皇帝要端架子，不够好玩，那就微服出行好了。

我们读小说，听评书，很喜欢皇帝微服私访的情节设定。皇帝扮成平民百姓的样子，零距离体验民生疾苦，遇见那些鱼肉百姓、为非作歹的豪强和贪官，突然亮出皇帝身份，吓得坏人屁滚尿流。围观群众呼啦啦跪倒一片，山呼万岁，被皇帝的一番苦心感动得老泪纵横。但事实上，独尊儒术以后，儒家的主旋律特别反感特务政治，皇帝若当真微服私访，惩恶扬善，那就相当于亲自扮演特务角色，实在不足为法。而皇帝微服出行，像秦始皇和汉武帝这样，也只是为了找刺激，寻开心，完全不在意什么民生疾苦。

武帝所谓的"微服"，只是相对于皇家仪仗而言，其实他并未扮成平民百姓，依旧一身华服，自称平阳侯，也就是冒充自己的姐夫。武帝身边也并不是只有一两个随从，而是跟着一群宫廷侍卫，个个都是骑射高手。

武帝常常和侍卫们约好夜里在宫殿门口集合——原文是"期诸殿门"，后来就有了"期门"这个正式职位。张衡的汉赋巨制《西京赋》中，有段话就是渲染这番微服经历的："阴戒期门，微行要屈。降尊就卑，怀玺藏绂（fú）。便旋间阎，周观郊遂。若神龙之变化，章后皇之为贵。"话这么一说，皇帝私下出宫娱乐，就不是不检点了，而是像神龙一样变化万端，屈伸自如，是贵人该有的样子。

武帝玩得特别开心，"北至池阳，西至黄山，南猎长杨，东游宜春"，这些地方到底在哪儿，不必深究，总之史料要表达的是：武帝就像一匹脱缰的野马，四处撒欢儿。如果只是一匹野马，倒也没什么，但问题是，武帝带着不少随从，那可是浩浩荡荡的一群野马，破坏力太惊人了。他们到处射猎、狂奔，不知踩坏多少庄稼，气得老百姓纷纷扯开嗓子大骂。

老百姓公然骂皇帝，也算难能可贵的一幕了。

不过，武帝这个阵仗倒也不是不能理解。想想秦始皇的前车之鉴：秦始皇开微服私访之先河，只带了四名武士去咸阳城里逛街，没想到夜晚在兰池一带遭遇盗贼，险些没能脱身。[1]

[1] 详见《资治通鉴熊逸版》（第二辑）第242讲。

------------ 068 ------------
武帝是怎样微服出行的

武帝微服出行，这段史料出自《汉书·东方朔传》。司马光的考虑重心毕竟在"资治"二字上，所以他把无关宏旨的细节都删掉了。但我们如果从制度和风俗的视角看，就会发现那些细节反而是最值得玩味的部分。

醴、醪、酎

我们返回《汉书》，逐一看看这些细节。第一处是"微行常用饮酎已"，意思是，武帝微服出行经常发生在"饮酎"仪式结束后。"酎"是当时最醇的酒。前文中，我们见识过汉朝人酿造的两种酒：酿造一夜就能喝的叫醴，酒精含量最低。当年穆生发现第三代楚王刘戊没有像前两代楚王那样给自己特别准备醴酒，就见微知著，抽身隐退——穆生酒量很浅，所以单独给他准备醴酒是贴心的关照。[1] 袁盎出使吴国，被吴王刘濞扣留，危在旦夕。他的一名老部下买来美酒灌醉守卫，救他脱离险境。这酒叫作醪，酒精含量显然比醴高，不然醉不倒人。[2] 接下来，比醪还要醇厚，酒精含量还要更高的，就是酎。

酎的酿造方法，是所谓"正月旦作酒，八月成"（《汉书·景帝纪》颜师古注引张晏语）。汉朝以十月为岁首，十月初一开始酿酒，一直酿到八月，都快年底了，才拿出来喝。这将近一年的时间里，并不是把酒封起来不管，任它自然发酵，而是要酿造好几遍，并且再次酿造时加的不是水，而是酒。也就是说，反复用酒酿酒，最后的成品就是酎。（《说文解字》段玉裁注）

酎这种级别的酒，并不是全年都能喝到，更不是日常饮品，而是宗庙祭祀用的。"国之大事，在祀与戎"，天子主持祭祀大典，典礼用酒不是醴，也不是醪，而是酎。诸侯要为祭祀大典凑份子，份子钱有个专门的名称：酎金。这个词很重要，后来汉武帝经常在酎金一事上吹毛求疵，并因此剥夺贵族们的爵位和封地。

---

[1] 详见前文第 025 讲。

[2] 详见前文第 031 讲。

夜漏出行

再看《汉书》记载的下一处细节，原文是"八九月中，与侍中、常侍、武骑及待诏、陇西、北地良家子能骑射者期诸殿门"。时间是"八九月中"，正是因为酎的酿造是"正月旦作酒，八月成"，在"饮酎"仪式结束后，年轻的皇帝带着酒意，去殿门和侍卫们碰头。侍卫有不同的功用，从头衔来看，可以粗略地望文生义：侍中，就是在皇帝身边侍奉着；常侍，经常侍奉着；武骑，骑马的武士；待诏，随时听候皇帝吩咐。当时卫青就有侍中头衔，所以在这群偷摸行动的侍卫当中，多半就有卫青。至于"陇西、北地良家子能骑射者"，陇西郡和北地郡因为都是边郡，常年对付匈奴，所以形成了骑射传统，朝廷会从当地选拔一些出身清白、精于骑射的年轻人进宫当差，方便皇帝就近考察，酌情任官。

集合完毕之后，一群年轻人就带着违法犯罪的兴奋感出发了。出发的具体时间是"夜漏下十刻乃出"，这里体现的是当时的计时方式。所谓"夜漏"，是相对于"昼漏"而言。漏是一种铜制容器，底部有小孔，当容器里装满水时，水就会从小孔慢慢漏下去。因为漏水的速度是均匀的，所以这种容器就可用来计时，像今天的钟表一样。漏的式样有很多，但原理都一样。拿常见的一种浮箭漏来说，全套设备分成两部分：上半段是漏壶，下半段是箭壶，漏壶里的水匀速注入箭壶。箭壶里的箭其实是一支有刻度的浮标，伸出壶盖上的小孔。浮标会随着水位的升高而匀速上升，伸出壶盖的部分就能以刻度的形式显示时间的流逝。

古人以漏壶计时，原本将一昼夜等分为一百刻，然后一分为二，白天的部分叫昼漏，一共五十刻，夜晚的部分叫夜漏，也有五十刻。[1] 但一年之中，只有春分、秋分这两天才是昼夜等长的，这种把昼漏、夜漏对半分的办法过于简单粗暴。而且，严格以日出、日落划分昼夜，也并不合乎人们的日常习惯，因为日出前和日落后都有一段天色尚亮的时间，人们习惯把这两段时间都当成白天。

所以，昼漏、夜漏的划分方式，就有必要做些调整。调整之后，在春分、秋分两天，虽然从日出和日落的角度来看，昼夜均等，但昼漏和夜漏不再对半分，而是昼漏五十五刻，夜漏四十五刻。相应地，夏至日是全年当中白天最长、夜晚最短的一天，漏刻规定为昼漏六十五刻，夜漏三十五刻；冬至日是全年当中白

---

[1] 《说文解字》："漏，以铜受水刻节，昼夜百刻。"

天最短、夜晚最长的一天，漏刻规定为昼漏四十五刻，夜漏五十五刻。极限值都规定清楚后，平均每九天依次递增或递减一刻。比如冬至那天，昼漏四十五刻，夜漏五十五刻；九天后，变成昼漏四十六刻，夜漏五十四刻；再过九天，又变成昼漏四十七刻，夜漏五十三刻。白天就这样一刻一刻地变长，夜晚就这样一刻一刻地变短，时间就这样一刻一刻地流逝。（［唐］徐坚等《初学记·卷二十五》）

我们常说的"一刻钟"就是这么来的。但如果仔细算一下，一天二十四小时平分为一百刻，那么每一刻对应的是十四点四分钟，而不是我们习以为常的十五分钟。后来清朝推行《时宪历》，一昼夜不再分成一百刻，而是改成九十六刻。（《清史稿·卷四十五》）从此以后，一刻就是我们今天熟悉的十五分钟了。

我们看回汉武帝。在殿门集合之后，众人"夜漏下十刻乃出"。夜漏一刻是天刚黑时，他们大概是天黑后两个半小时才开始行动的，然后一玩就是一整夜，直到第二天天明："旦明，入山下驰射鹿豕狐兔，手格熊罴，驰骛禾稼稻秔之地，民皆号呼骂詈。"

不知他们夜里是怎么度过的，似乎除了围着篝火喝酒聊天也做不了什么，但天一亮，他们就开始舒展筋骨。纵马射猎倒还正常，但年轻人显然追求更刺激的，竟然徒手和熊搏斗。最后的重点是"驰骛禾稼稻秔之地，民皆号呼骂詈"，武帝一行人在农田里纵马奔腾，糟蹋了不知多少庄稼，惹得老百姓扯开喉咙大骂。

我们又需要注意时间线索了：酎的酿造是"正月旦作酒，八月成"，武帝微服狂欢是在"八九月中"，也就是"饮酎"仪式结束后。汉朝以十月为岁首，这个"八九月中"正是庄稼的成熟季节。

原文：

鄠、杜令欲执之，示以乘舆物，乃得免。

老百姓不干了，一起去找地方官讨公道。这种事情，地方官当然要管。武帝出行，打的是平阳侯的名号，县令如今要见一见这位平阳侯。

这场面太尴尬了，武帝自然不肯露面。侍卫们倒是心大，举起马鞭要抽县令。县令大人被激怒，让手下控制住武帝一行，不许他们离开。接下来发生的事情，《汉书》的描述有点语焉不详，估计是武帝一行人仗着人多马快，跑了，只有几个腿脚慢的倒霉蛋被县令扣留下来。他们几个为求脱身，向县令出示了皇家信物，但即便如此，还是被扣留了很久。最后估计县令终于明白，这些坏蛋的头子就是当今天子，就只能睁一只眼闭一只眼了。

武帝越玩越开心，微服游乐的时间越来越久，甚至要随身带够粮食，一玩就是五天。为何是五天，而不是六天、七天？因为武帝每五天要到长信宫探望一次太后和太皇太后。

柏谷之行

原文：

又尝夜至柏谷，投逆旅宿，就逆旅主人求浆，主人翁曰："无浆，正有溺耳！"且疑上为奸盗，聚少年欲攻之。主人姬睹上状貌而异之，止其翁曰："客非常人也，且又有备，不可图也。"翁不听，姬饮翁以酒，醉而缚之。少年皆散走，姬乃杀鸡为食以谢客。明日，上归，召姬，赐金千斤，拜其夫为羽林郎。后乃私置更衣，从宣曲以南十二所，夜投宿长杨、五柞等诸宫。

上得山多终遇虎。某天，武帝一行人到了一个叫柏谷的地方，已经是夜里，找了一家旅馆投宿，向老板要水喝。按说这么多客人上门，而且看着都不像穷人，老板应该热情洋溢才对，但老板的答复是："要水没有，要尿管够。"

老板这么不客气，是因为越看他们越不像好人。想法倒也合理：好人家谁会在这个时间浩浩荡荡去旅馆投宿呢？肯定非奸即盗。

老板很有正义感，当即召集本地少年，准备拿下这一伙坏人。但老板娘有眼力，看武帝仪表不凡，赶紧叮嘱老板，要他别闯祸。见老板一根筋，老板娘就灌醉了他，把他绑了起来。本地少年群龙无首，自然也就散了。老板娘这才拿出殷勤劲儿，杀鸡备饭，向武帝赔罪，一场风波就这样消弭于无形。第二天天明，武帝回宫，以千金答谢老板娘。武帝大概也看中了老板的勇武，让他进宫当了羽林郎，这是皇家侍卫的一种。

柏谷之行，虽然有惊无险，但还是让武帝收敛了一些，不敢再随便投宿，而是秘密设置了若干处专属休息站。

069

上林苑是怎么开始建造的

柏谷的旅店老板为什么好端端放着大生意不做,反而要行侠仗义呢?武帝一行又为什么不住官营旅店呢?

《汉武故事》

这些问题都很难回答。不过,《资治通鉴》这段记载,史料出处既不是《史记》,也不是《汉书》,而是一本故事性很强,但可信度很低的《汉武故事》。在原本的记载里,细节要丰富得多,但细节越多,破绽也就越多,所以司马光作了好一番删改,尽量消除疑点。

比如,在《汉武故事》里,武帝本来要投宿官营旅店。当时的官营旅店我们并不陌生,叫作亭,来自秦制。秦制有所谓"十里一亭"的布局,在主要道路上每隔十里就设置一座驿站,称为亭,主管公文传递、治安稽查等事宜，还可充当驿站，其负责人称为亭长。[1] 刘邦在秦朝担任的职务就是泗水亭长。武帝遇到的也是一位亭长，但他竟然拒绝接待——从这个细节里可以看到，官营驿站有官营的规矩，一伙来历不明的年轻人突然投宿，亭长大可以拒之门外。尤其是在《汉武故事》里，武帝一行当时全作平民百姓打扮，并没有纨绔子弟的威慑力。被亭长拒绝之后，武帝转投民宿，才有了那番惊险遭遇。（[清]王先谦《汉书补注·东方朔传》；《太平御览·八十八》引《汉武故事》[2]）

不过，旅店老板被任命为羽林郎这事，依然显得不太可信，因为《汉书·百官公卿表》有明确记载，羽林郎的设置是在武帝太初元年（前104年），在柏谷之行的很多年之后。

不论事情是真是假，武帝玩心太盛，到处惹是生非，总是实情，这段经历因此也成了一个典故。晋人潘岳的名篇《西征赋》提到"长傲宾于柏谷，妻睹貌而献餐"，这里的"妻"，指的就是柏谷旅店的老板娘。

---

[1] 详见《资治通鉴熊逸版》（第三辑）第025讲。

[2] 《汉武故事》不同版本记载有异，相关整理详见《鲁迅全集·卷八·古小说钩沉·汉武故事》。

上林苑

原文：

上以道远劳苦，又为百姓所患，乃使太中大夫吾丘寿王举籍阿城以南，盩厔以东，宜春以西，提封顷亩，及其贾直，欲除以为上林苑，属之南山。又诏中尉、左右内史表属县草田，欲以偿鄠、杜之民。寿王奏事，上大说称善。

武帝越玩越荒唐，而纸里终归包不住火，他开始有点发愁：一来官员们已开始安排接待事宜，这就败了微服游玩的兴致；二来糟蹋老百姓的收成确实说不过去，但不干这事就不能玩得尽兴。

武帝毕竟不是昏君，很讲理：既然我贵为皇帝，特别有钱，为何不把周边常去的地方买下来，把它们通通改建成皇家猎场呢？房子可拆，农田可铲，祖坟可迁。对当地百姓来说，拿一笔丰厚的拆迁款，到别处买田置业，变成人人羡慕的拆迁户，何乐而不为呢？

于是，武帝安排吾丘寿王主持拆迁工作，先搞调查，看要拆迁多少人家，毁掉多少农田，准备多少拆迁款，总之要使皇家园林"上林苑"一直连通到终南山下。道理很简单：只要上林苑的规模足够大，那么武帝一行人不管怎么纵马奔腾，都出不了上林苑的范围，自然就不会扰民了。等吾丘寿王呈上调查结果，武帝大感兴奋，跃跃欲试。

那么问题来了：年轻皇帝做这种事，怕是要步秦二世的后尘，就没人拦着吗？事实上，在武帝亲自招募的顾问团里，既有吾丘寿王那样的，只管把皇帝交代的事办漂亮，不问是好是坏；也有直言敢谏，劝武帝不要走昏君之路的。那么，武帝会怎样应对批评意见呢？

东方朔直谏

原文：

时东方朔在傍，进谏曰："夫南山，天下之阻也。汉兴，去三河之地，止灞、浐以西，都泾、渭之南，此所谓天下陆海之地，秦之所以虏西戎、兼山东者也。其山出玉、石、金、银、铜、铁、良材，百工所取给，万民所卬足也。又有粳、稻、梨、栗、桑、麻、竹箭之饶，土宜姜、芋，水多蛙、鱼，贫者得以人给家足，无饥寒之忧。故丰、镐之间，号为土膏，其贾亩一金。今规以为苑，绝陂池水泽之利而取民膏腴之地，上乏国家之用，下夺农桑之业，是其不可一也。盛荆、棘之林，广狐、菟之苑，大虎、狼之虚，坏人冢墓，发人室庐，令幼弱怀土而思，耆老泣涕而悲，是其不可二也。斥而营之，垣而围之，骑驰东西，车骛南北，有深沟大渠。夫一日之乐，不足以危无堤之舆，是其不可三也。夫殷作九市之宫而诸侯畔，灵王起章华之台而楚民散，秦兴阿房之殿而天下乱。粪土愚臣，逆盛意，罪当万死！"上乃拜朔为太中大夫、给事中，赐黄金百斤。然遂起上林苑，如寿王所奏。

这次因为直言敢谏而青史留名的，是滑稽大师东方朔。不过，东方朔并没有耍机灵，抖包袱，而是正正经经打了一篇报告，给出不宜扩建上林苑的三大理由。文章不但有理有据，而且文采很好，是一篇很精彩的汉赋小品。后人编选汉赋，给它拟了一个题目：《谏除上林苑》。（［清］严可均《全上古三代秦汉三国六朝文·全汉文·卷二十五》）《资治通鉴》虽忽视文学，却把这篇文章稍加删节收录了下来，可见司马光很重视它的资治意义。

东方朔给出三大理由：第一，强调武帝看中的这片地方，是所谓"天下陆海之地"，明明是陆地，却像大海一样无所不生，土地肥沃，物产丰富，当年秦国就是靠这里称霸的。单说耕地，这里有全国公认的第一沃土，一亩地可以卖一斤黄金，怎么可以划入御花园当成打猎场所呢？第二，为给狐狸、野兔和狼虫虎豹腾地方，去拆毁平民百姓的房屋和坟墓，强制人家搬家，道义上站不住脚。第三，跑马打猎这种事，有很大的安全隐患，皇帝不值得为了娱乐去冒这种风险。除了这三点，东方朔又列举了几个历史教训：商纣王兴建九市之宫，结果诸侯背叛了他；楚灵王兴建章华之台，结果楚国人心离散；秦始皇修建阿房宫，结果天下大乱。总之，东方朔的意见，可以归结成一句话：皇帝不该为了个人娱乐而损害政权根基。

那么，按照武帝的心意扩建上林苑，到底会不会损害政权根基？或者说，就算有点损害，是不是汉帝国也可以轻松承受？这么一问，这件事就变成一笔单纯的经济账了。而算经济账，东方朔估计算不过吾丘寿王。

所以，东方朔的发力点，其实并不是说扩建上林苑不划算，而是说它逆天，文章的一头一尾都是天命观的大帽子。只不过，司马光无神论倾向太重，掐头去尾，只保留了文章中间算经济账的部分。

忠言向来都逆耳，年轻气盛的汉武帝会做出怎样的反应？是虚怀若谷，还是恼羞成怒？看样子是前者——武帝给东方朔升了官，官拜太中大夫、给事中。"太中大夫"是正式职位，"给事中"属于加官，性质和侍中、常侍一样，围在皇帝身边，供皇帝差遣。仅仅升职还不够，武帝又赐给东方朔黄金百斤。按东方朔自己在《谏除上林苑》里的估价，这笔钱足够他在长安周边买下一百亩最肥沃的农田。

东方朔又是升职，又是受赏，看来武帝特别重视他的意见——但事实上，拆迁工作照原计划进行，吾丘寿王那边的进度丝毫不受影响。不知这算不算高明的管理艺术，武帝传达的信息似乎是：欢迎批评，中肯的批评一定会换来好处。但是，吃人家的嘴软，拿人家的手短，批评者既然吃饱、拿足，就应该乖乖闭嘴。

司马相如劝谏

原文：

上又好自击熊、豕，驰逐野兽。司马相如上疏谏曰："臣闻物有同类而殊能者，故力称乌获，捷言庆忌，勇期贲、育。臣之愚，窃以为人诚有之，兽亦宜然。今陛下好陵阻险，射猛兽，卒然遇逸材之兽，骇不存之地，犯属车之清尘，舆不及还辕，人不暇施巧，虽有乌获、逢蒙之技不得用，枯木朽株，尽为难矣。是胡、越起于毂下而羌、夷接轸也，岂不殆哉！虽万全而无患，然本非天子之所宜近也。且夫清道而后行，中路而驰，犹时有衔橛之变；况乎涉丰草，骋丘墟，前有利兽之乐而内无存变之意，其为害也不难矣。夫轻万乘之重不以为安，乐出万有一危之涂以为娱，臣窃为陛下不取。盖明者远见于未萌而知者避危于无形，祸固多藏于隐微而发于人之所忽者也。故鄙谚曰：'家累千金，坐不垂堂。'此言虽小，可以谕大。"上善之。

但是，上书劝谏的不只东方朔一个，司马相如也写了一篇奏疏，核心意思是：身为皇帝，万万要保重龙体，不能亲自去搏杀猛兽，否则若是有个万一，那可怎么办？《资治通鉴》选录了这份奏疏，借以规劝那些年轻贪玩的统治者。司马相如的文采当时堪称第一，这篇文章虽短，但也算得上汉赋中的精品。我们熟悉的《古文观止》对其也有收录，题目叫《上书谏猎》。

这篇文章并不关心江山社稷和黎民百姓，着眼点全在陛下的龙体上。按说这是历代统治者最愿意接受的批评，但武帝的反应是：表扬司马相如说得好，但自己该怎样还怎样。

东方朔献书

武帝的我行我素倒不难理解。难以理解的是，同样给武帝提意见，司马相如提得更温和，也更有文采，为什么只得到口头表扬？而东方朔得到的，可是实实在在的升迁加重赏。

到底为何厚此薄彼，《资治通鉴》完全没讲，还是要到《汉书·东方朔传》去找线索。

东方朔那篇《谏除上林苑》，被司马光删掉的开头、结尾都在拿天道做文章。结尾处，东方朔先是用夸张的言辞，说自己如何罪该万死，扫了皇帝的兴致，但事关天道大事，自己只能万死不辞，最后说要献给武帝一部书，叫《泰阶六符》，武帝不妨根据书中指引，观察天象变化，小心不要做逆天之事。

所谓泰阶六符，是北斗七星南边的六颗星，因为一共六颗，所以叫六符，又因两两一组，构成三级台阶，所以叫泰阶。这六颗星，如果光芒匀称，就叫泰阶平，或三阶平，意味着天下太平，一切都好，反之就是天下大乱，各种不好。所以我们读古诗，经常能看到"泰阶平"这个说法。比如，李白有诗"俟乎泰阶平，然后托微身"（《避地司空原言怀》），李商隐有诗"即时贤路辟，此夜泰阶平"（《五言述德抒情诗一首四十韵献上杜七兄仆射相公》）。

东方朔献上的这部《泰阶六符》，应该是一部占星术典籍。当时社会上书籍很少，有人能给朝廷献书，自然是一桩大事。所以《汉书》这样记载东方朔升官受赏的原委:"是日因奏《泰阶》之事,上乃拜朔为太中大夫、给事中,赐黄金百斤。"也就是说,东方朔升官受赏并非因为那篇《谏除上林苑》,而是因为献了一部《泰阶六符》。

这大概是东方朔狡黠的地方——书明明就在手里,但并不轻易献出去,这次因为《谏除上林苑》,自己有获罪的风险,所以才拿了出来。皇帝总不能抬手就打送礼的人。

不过,武帝的作为和东方朔、司马相如的劝谏,未必都发生在建元三年(前138年),司马光在《通鉴考异》里特地注明了这点。但是,准确的时间线已很难考证清楚。

汉武帝建元四年至五年

070
设置五经博士有什么重大意义

血色的风

原文:

(四年)

夏,有风赤如血。

六月,旱。

秋,九月,有星孛于东北。

是岁,南越王佗死,其孙文王胡立。

新的一年,武帝建元四年(前137年),事情不多。内政大事只有一件,六月发生旱灾;外交大事也只有一件，南越王赵佗死了，孙儿赵胡继位。另外有两起自然现象：一是夏天刮起血色的风，二是东北方向的天空出现彗星。

读到这里，我们不禁要感叹："什么，赵佗现在才去世吗？"赵佗初登历史舞台时，还是秦朝的一名官员。后来他趁天下大乱，据守南海郡，兼并桂林郡和象郡，自立为南越武王。其后刘邦派陆贾出使南越，和赵佗订立外交关系。那是高帝十一年（前196年）的事情了，将近一个甲子之前。如果比长寿的话，那位吃人奶的张苍也只能屈居第二。有可能赵佗的儿子们都没能活过父亲，所以赵佗死后，才会由孙儿接班。

至于本年度的灾异现象，彗星已见怪不怪了，血色的风倒是第一次亮相。在阴阳五行理论当中，这属于"赤眚（shěng）赤祥"。"眚"是内生性的灾异，"祥"是外源性的灾异。比如，一只鸡蛋，如果孵出一条蛇，这属于眚，如果被一群蛇围绕，这属于祥。但事实上这种区分并不严格，凡是红色的异常现象都可统称赤眚赤祥。

它的背后是一整套五行理论。五行包括金、木、水、火、土，红色对应其中的火。在五行的运转当中，如果"火"产生异常，叫作"火失其性"，表现形式就是赤眚赤祥，既可以是下红色的雨，也可以是飘红色的雪，或刮红色的风。

金、木、水、火、土，分别对应着统治者的言、貌、听、视、心，也就是言谈、态度、听觉（以及由听觉引申而来的辨别言辞的能力）、视觉（以及由视觉引申而来的明察秋毫的眼力）、心思（重点是心胸宽广，有包容力）。掌握这套规则之后，古人就能对灾异现象进行推理：正常的风没有红色的，若刮起红色的风，不是因为风里掺杂了红色的泥沙等普通之物，而是因为五行当中的火受到负能量的感应，表现失常。而这种负能量就是，皇帝眼花了，看不清事情的真相，不能明辨是非，做出错误的政治决策。

不过，这一年血红色的风究竟对应哪件事，很难说得清。如果真有这风，朝廷大约也并未重视，因为要到武帝时代以后，儒家"今文《尚书》"学派的大宗师夏侯始昌撰写《洪范五行传》，五行灾异理论才算正式成型。武帝时代的这些怪力乱神，不知有多少是当时实录，有多少是后人附会。

行半两钱

原文：

（五年）

春，罢三铢钱，行半两钱。

置五经博士。

武帝建元五年（前136年），头一件大事是废除三铢钱，改用半两钱。

在《资治通鉴》的时间线里，三铢钱的颁行是在四年前的建元元年（前140年），至于武帝为何刚刚登基就要发行一种新标准铜钱，史料并未交代原因，现在忽然将其作废，同样不知何故。就连三铢钱的真实铸造和废止时间，也是个谜，《史记》和《汉书》的记载相当矛盾。司马光在《通鉴考异》里采信《汉书·武帝纪》的时间线，把三铢钱的颁行定在建元元年，废止定在建元五年，也只是一家之言，并无实证。研究者们各执一词，我们暂不深究，反对意见可参看王献唐先生的《中国古代货币通考》。武帝对货币制度的改革，后面还会有惊天动地的大手笔。

五经博士

本年度的第二件大事，是设置五经博士。这在当时并没有多大动静，但影响却相当深远。我们今天提起儒家经典，常说"四书五经"，"五经"的说法正是源于汉武帝设置五经博士。

设置五经博士有三方面的意义：

第一，确立了何谓五经。

第二，改变了博士制度。

第三，使儒学一家独大。

建元元年（前140年），董仲舒贡献"天人三策"，建议"不在六艺之科，孔子之术者"，通通当成异端邪说处理，这就是意识形态层面的"大一统"。[1] 董仲舒所谓"六艺"，指的是孔子传承的周代官学，也就是古代圣王的典章制度：诗、书、礼、乐、易、春秋。它们都有自己的文献，因地位崇高，被尊奉为六经。但其中乐的文献早已失传，所以其实只有五经。文景时代，《诗经》《尚书》《春秋》都有博士，现在加上了《礼经》《易经》，虽然表面看来只是增补，其实是对儒家鼓吹的"六艺"做出全面认定。也就是说，从三到五

---

[1] 详见前文第055讲。

不是量变，而是质变。武帝为每一经设置专门的博士官，定员一人，合称五经博士。

五经说起来应该是五部书，但其实有点复杂。就拿《诗》来说，涉及的文献虽只有一部《诗经》，但分出了三个学派，解读路径也不一样。鲁地有一位《诗经》大宗师，就是我们熟悉的申公，他这一派称为鲁诗；齐地也有一位大宗师，名叫辕固，他这一派称为齐诗——辕固在景帝时代就凭借《诗经》的研究成就做了博士，曾因鄙薄《老子》而触怒窦太后，被丢进猪圈大战野猪，幸而景帝偷偷给了他一把利刃，这才侥幸捡回性命；燕地还有一位大宗师，名叫韩婴，和韩王信的孙儿襄城侯韩婴同名，文帝时就做了博士，但不知为何，他这一派不叫燕诗，而叫韩诗。所以到了武帝时代，《诗经》既然有三个学派，那就相应地设置三家博士，其他四经，每经设博士一员，总共五经七家。

要做这种博士的人，必须是五经七家当中某个领域的顶尖专家，跨界也可以，但本专业必须突出，称为专经博士。做介绍时，会说某某是齐诗博士，某某是韩诗博士。此前也有儒学专家型博士，但并无专经的名目，做介绍时也只会说某某是博士。换句话说，早年间博士的设置并无一定之规，只要皇帝认为谁学问好、见识高，就可以把他聘为博士，不拘于诸子百家，更不拘于儒家的某部经典。文帝聘贾谊当博士就是这样。

现在，原先的博士还叫博士，而五经博士自成系统，有了自己的专名。一旦有了细分，高级感就油然而生。这就好比买香水，如果到地摊买，要对小贩说"买一瓶香水"，如果在商场专柜买，要对店员说"请拿一瓶香奈儿五号"。"博士"和"五经博士"的差别相当于此。

自然过渡

汉武帝设置五经博士之后，原先那些乱七八糟的博士是否被裁撤了呢？史料并无明确记载，学者们各有各的推测。如果真被裁撤了，那就意味着，建元五年设置五经博士，标志着"罢黜百家，独尊儒术"的开始。但问题是，如果博士官只剩下五经七家，原先那些研究《论语》《孟子》《孝经》《尔雅》的博士也一并被裁撤了，算不算大水冲了龙王庙呢？

之所以提到《论语》等书，是因为儒家经典后来扩容了，它们全都位列十三经，而在武帝时代，它们虽没有获得经典地位，但至少也在儒家阵营之内，只是不属于"经",而属于"传记"。

那时的"传记"并不是今天的意思,而是"解说""阐发"和"笔记"的意思。东汉末年的儒学大师赵歧,是研究《孟子》的专家。他在《孟子题辞》一书中提到,汉文帝曾为《论语》《孟子》《孝经》《尔雅》置博士,后来裁撤了传记博士,只保留五经博士。赵歧说的这个"后来",据清朝学者钱大昕考订,认为指的就是汉武帝建元五年(前136年)置五经博士这次。

但为何要裁撤,钱大昕还是没讲。王国维先生后来推测,《孟子》被裁撤,是因为它属于诸子书,至于《论语》《孝经》《尔雅》,则属于入门读物,犯不上为它们立博士。(王国维《汉魏博士考》)

但从情理上看,武帝应该不会做出这么过激的举动。当时太皇太后已风烛残年,武帝若高调地罢黜百家、独尊儒术,那真是要活活气死奶奶。重要的是,这样做全无必要,因为既然五经博士有了高级感,超然于其他博士之上,那么"独尊儒术"就只需一点点自然过渡的时间了。

原文:

夏,五月,大蝗。

秋，八月，广川惠王越、清河哀王乘皆薨，无后，国除。

本年度的最后两件事，一是蝗灾，二是广川惠王刘越和清河哀王刘乘都过世了。两位诸侯都是景帝之子，没有留下继承人，封国因此撤销。

武帝建元五年（前136年）的大事件，到此结束。

汉武帝建元六年

071
田蚡是怎么得势又失宠的

窦太后之死

原文：

（六年）

春，二月，乙未，辽东高庙灾。

夏，四月，壬子，高园便殿火；上素服五日。

五月，丁亥，太皇太后崩。

武帝建元六年（前135年），开春一场火灾，入夏一场火灾。五月，一桩真正的大事发生了：太皇太后过世。

太皇太后窦氏，汉武帝的亲奶奶，终于走完了传奇的一生。她本是一个贫寒人家的弱女子，偶然做了吕后的侍女，偶然被赐给诸侯王，偶然被代王刘恒宠爱，偶然因刘恒做了皇帝而成为皇后……这一切的一切，来得都不用力，而仔细回味，仿佛正是老子所谓的"柔弱胜刚强"，否则，一个人的运气再好，怕也好不到这种程度。

所以，不难理解这位老人家对黄老之术为何会有那么重的执念。而早年的民间经历，还有和文帝多年的相伴，也足以让她知道：勤俭节约是好的，铺张浪费是坏的；息事宁人是好的，无事生非是坏的——不管持家还是治国，最基本的道理就是这么朴素。而儒家那套歪理，还有孙儿那派纨绔子弟的习气，不就是铺张浪费、无事生非吗？自己的丈夫、儿子辛苦操持的这份家业，也不知够不够这个孙儿糟蹋的。在临终前的那些日子，老人家应该怀着深深的忧虑。

随着太皇太后离世，年轻的武帝终于可以野马脱缰了——低头看看身边，"万一禅关砉（xū）然破，美人如玉剑如虹"；放眼看看天地，"云鹏击水南溟近，霜剑凌空北斗低"。

当初太皇太后给武帝的儒家改革踩刹车，逼死赵绾、王臧，罢免田蚡、窦婴，任用第三代柏至侯许昌为丞相、第三代武彊侯庄青翟为御史大夫，延续了旧有的政治传统。[1]但架不住王太后喜欢弟弟，汉武帝喜欢舅舅：许昌只是在丞相位上充数而已，田蚡虽名义上闲居在家，但每有朝廷大事，武帝总要征询他的意见。所以，田蚡和窦婴虽以平级身份同时遭到罢免，但真正被投闲置散的，却只有窦婴一个。等太皇太后一死，窦婴和所有窦家人就彻底失去了靠山。

窦婴若可以认清现实，安安静静地退出政治舞台，倒也可安享泼天富贵，无奈的是，被簇拥惯的人，最受不了冷落。关于窦婴该如何安身立命，后面会有不少好戏。

田蚡得势

原文：

六月，癸巳，丞相昌免；武安侯田蚡为丞相。蚡骄侈：治宅甲诸第，田园极膏腴；市买郡县物，相属于道；多受四方赂遗；其家金玉、妇女、狗马、声乐、玩好，不可胜数。每入奏事，坐语移日，所言皆听；荐人或起家至二千石，权移主上。

---

[1] 详见前文第060讲。

太皇太后过世仅仅六天，丞相许昌就被免职，田蚡上任。

田蚡其人，不但权力欲很重，物质欲同样很重，而且非常高调，一切骄奢淫逸都摆在明面儿上，还广开受贿之门。但他确实有这个本钱，每次入朝奏事，他都能跟武帝聊上很久。只要是他提出的建议，一定会被武帝采纳；只要是他推荐的人，甚至直接被提拔到二千石级别，简直一步登天。

田蚡为何会有这种做派？《史记》给出一种解释，说他个子矮，模样丑，所以总会刻意端架子，展现自己地位有多高，多受皇帝宠信——他比普通人更需要借助外在的尊崇，来弥补先天的不足。此外，还有一个管理学上的缘故：此时，诸侯王大多年纪不小了，而皇帝即位不久，年纪还轻。田蚡认为自己以外戚身份担任丞相，若不摆摆架子，不狠狠煞煞诸侯王的威风，天下就不会整肃。（《史记·魏其武安侯列传》）

这倒也言之成理，不过换个角度来看，田蚡这种做派，特别像传说中春秋时的名相管仲。管仲被齐桓公给予充分信任和充分授权，大展拳脚操办一切，把齐国治理得井井有条，把齐桓公推上霸主位置，但管仲的私生活却骄奢淫逸，甚至到了非礼的程度。但谁让人家政绩好、贡献大，非但齐桓公不以为意，就连齐国人民都觉得这是管仲应得的。那么，管仲把事情都做了，齐桓公在做什么呢？

齐桓公只做两件事：一是在国际社会上露脸，充分体验霸主的尊崇和荣耀；二是吃喝玩乐，尽情享受生活。齐桓公和管仲的这种模式，称为"虚君实相"，是历朝历代很多士大夫热心追求的理想政治结构。

田蚡失宠

这似乎也是田蚡的追求。在他看来，汉武帝可以爱打猎就打猎，爱玩女人就玩女人，国家大事全由自己照看，没什么可担心的。如果田蚡遇到的是齐桓公，哪怕是秦二世，都有可能君臣相得。但问题是，汉武帝不一样，他并不觉得搞政治是一桩无聊的事，反而很快就体会到了发号施令、排兵布阵的快感，所以对田蚡的态度慢慢变了。

原文：

上乃曰："君除吏已尽未？吾亦欲除吏。"尝请考工地益宅，上怒曰："君何不遂取武库！"是后乃稍退。

司马光记录了两件事：一是武帝忍无可忍，对田蚡说"你任命官员还有完吗？我也想任用几个人"；二是田蚡想要扩建自家豪宅，请武帝把皇家器械制造部的空地划给自己，武帝大怒，说你怎么不把武库也要去呢？经过这两件事，田蚡的气焰才算稍稍收敛一点。

从这两件事来看，武帝虽年轻，但已有了很好的政治分寸感。田蚡仗着丞相之职和外戚身份，穷奢极欲，甚至收受各种珍奇馈赠，对此，武帝其实并无所谓——他含着金汤匙出生，从小见惯了这些。但是，发现田蚡的举动僭越皇权时，武帝反击起来就毫不留情面了。

唐朝名相李德裕特别欣赏汉武帝这种简单直接的风格，说自己历仕六朝，在两位皇帝身边为相，深感帝王和群臣说话不宜引经据典、滔滔雄辩，而只应像汉武帝这样简洁、恰当。（《全唐文·卷七百九·王言论》）

武帝欲征

原文：

秋，八月，有星孛于东方，长竟天。秋，八月，有星孛于东方，长竟天。

闽越王郢兴兵击南越边邑。南越王守天子约，不敢擅兴兵，使人上书告天子。于是天子多南越义，大为发兵，遣大行王恢出豫章，大农令韩安国出会稽，击闽越。

秋八月，东方出现彗星，彗尾横贯天穹。

果然出乱子了，挑起事端的又是闽越。闽越先前进犯东瓯，被汉帝国的援军吓了回去。但东瓯经此一役，不想再跟闽越做邻居，于是抛下家园，全部人口做了汉帝国的外来移民。闽越一见打不了东瓯，一转身，打南越去了。大约是因为南越国王赵佗前年过世，新任国王赵胡还没能把国政理顺，才让闽越感到有机可乘。

那么，当国家遭到敌人悍然入侵时，南越该怎么办？保家卫国、奋起反抗吗？并没有，因为南越是有大哥的。根据宗主国和藩属国的约定，藩属国挨打，千万不能打回去，打回去就叫互殴，应该像我们现在这样，尽力自保的同时赶紧报警，由警察出手打击违法犯罪。汉帝国作为宗主国，就是当时的世界警察，有义务保护南越。于是，南越老实挨打不还手，派使者向汉武帝上书，请天子主持公道。

南越如此安分，可想而知，武帝非管不可，不然以后大汉颜面何在？

但问题没那么简单——远征百越之地谈何容易，一路上注定千难万险。当年隆虑侯周灶远征南越，还没打就败了，因为行军途中遭遇南方的酷暑和阴雨天，疫情在军中迅速传播，军队根本没能力逾越五岭。还好周灶熬到了吕后驾崩，南征也就不了了之。[1]虽然闽越在汉帝国的实力面前不堪一击，但汉军担心的并不是作战，而是南方要命的气候和地形。

既然南越必须救，必须扬大汉雄威，那么汉帝国能做的就只有两件事：一是远征军的规模足够大，损耗无所谓；二是分进合击，不把鸡蛋放进同一个篮子。武帝正是这么做的：派王恢兵出豫章，韩安国兵出会稽，以重兵出击闽越。太皇太后已撒手归西，武帝调兵可以光明正大，再也不必像先前派遣庄助那样不给虎符、只给使节了。

就在这时，淮南王刘安不知何故，竟然上书劝谏，请武帝收回成命，说没必要拿汉帝国宝贵的人力、物力去干涉蛮夷事务，反正无论成败，都是赔本赚吆喝的买卖。

刘安这篇上书，长篇大论，竟然被《资治通鉴》收录了下来。其核心意思可以归结为三个字：不划算。

---

[1] 详见《资治通鉴熊逸版》（第三辑）第196讲。

原文：

淮南王安上书谏曰："陛下临天下，布德施惠，天下摄然，人安其生，自以没身不见兵革。今闻有司举兵将以诛越，臣安窃为陛下重之。"

刘安的文章写得很好，后人给拟了标题，叫作《上书谏伐南越》。(《全上古三代秦汉三国六朝文·全汉文·卷十二》) 文章透露的信息耐人寻味：汉帝国已连年遭受自然灾害，粮食严重歉收。老百姓的生计还没安顿好，为何还要劳师远征？

那么问题来了，所谓连年自然灾害，《资治通鉴》只记录了建元三年的黄河决口和建元五年的蝗灾，哪来的连年？不过这种大事，刘安既不可能向壁虚构，也不可能夸大其词，汉帝国因为自然灾害而财政压力大，总不该是假的。刘安的理由很强有力，看武帝是否能听进去。

072

征伐闽越的战争是怎么平息的

七条理由

原文：

"越，方外之地，剪发文身之民也，不可以冠带之国法度理也。自三代之盛，胡、越不与受正朔，非强勿能服，威弗能制也；以为不居之地，不牧之民，不足以烦中国也。自汉初定以来七十二年，越人相攻击者不可胜数，然天子未尝举兵而入其地也。臣闻越非有城郭邑里也，处溪谷之间，篁竹之中，习于水斗，便于用舟，地深昧而多水险；中国之人不知其势阻而入其地，虽百不当其一。得其地，不可郡县也，攻之，不可暴取也。以地图察其山川要塞，相去不过寸数，而间独数百千里，险阻、林丛弗能尽著；视之若易，行之甚难。天下赖宗庙之灵，方内大宁，戴白之老不见兵革，民得夫妇相守，父子相保，陛下之德也。越人名为藩臣，贡酎之奉不输大内，一卒之奉不给上事；

自相攻击，而陛下发兵救之，是反以中国而劳蛮夷也！且越人愚戆轻薄，负约反覆，其不用天子之法度，非一日之积也。壹不奉诏，举兵诛之，臣恐后兵革无时得息也。

"间者，数年岁比不登，民待卖爵、赘子以接衣食。赖陛下德泽振救之，得毋转死沟壑。四年不登，五年复蝗，民生未复。今发兵行数千里，资衣粮，入越地，舆轿而隃领，拖舟而入水，行数百千里，夹以深林丛竹，水道上下击石；林中多蝮蛇、猛兽，夏月暑时，欧泄霍乱之病相随属也；曾未施兵接刃，死伤者必众矣。前时南海王反，陛下先臣使将军间忌将兵击之，以其军降，处之上淦。后复反，会天暑多雨，楼船卒水居击棹，未战而疾死者过半；亲老涕泣，孤子啼号，破家散业，迎尸千里之外，裹骸骨而归。悲哀之气，数年不息，长老至今以为记，曾未入其地而祸已至此矣。陛下德配天地，明象日月，恩至禽兽，泽及草木，一人有饥寒不终其天年而死者，为之凄怆于心。今方内无狗吠之警，而使陛下甲卒死亡，暴露中原，沾渍山谷，边境之民为之早闭晏开，朝不及夕，臣安窃为陛下重之。

"不习南方地形者，多以越为人众兵强，能难边城。淮南全国之时，多为边吏，臣窃闻之，与中国异；限以高山，人迹绝，车道不通，天地所以隔外内也。其入中国，必下领水，领水之山峭峻，漂石破舟，不可以大船载食粮下也。

越人欲为变，必先田余干界中，积食粮，乃入，伐材治船。边城守候诚谨，越人有入伐材者，辄收捕，焚其积聚，虽百越，奈边城何！且越人绵力薄材，不能陆战，又无车骑、弓弩之用，然而不可入者，以保地险，而中国之人不耐其水土也。臣闻越甲卒不下数十万，所以入之，五倍乃足，挽车奉饷者不在其中。南方暑湿，近夏瘅热，暴露水居，蝮蛇蠚生，疾疢多作，兵未血刃而病死者什二三，虽举越国而虏之，不足以偿所亡。

"臣闻道路言：闽越王弟甲弑而杀之，甲以诛死，其民未有所属。陛下若欲来，内处之中国，使重臣临存，施德垂赏以招致之，此必携幼扶老以归圣德。若陛下无所用之，则继其绝世，存其亡国，建其王侯，以为畜越，此必委质为藩臣，世共贡职。陛下以方寸之印，丈二之组，填抚方外，不劳一卒，不顿一戟，而威德并行。今以兵入其地，此必震恐，以有司为欲屠灭之也，必雉兔逃，入山林险阻。背而去之，则复相群聚；留而守之，历岁经年，则士卒罢倦，食粮乏绝，民苦兵事，盗贼必起。臣闻长老言：秦之时，尝使尉屠睢击越，又使监禄凿渠通道，越人逃入深山林丛，不可得攻；留军屯守空地，旷日引久，士卒劳倦；越出击之，秦兵大败，乃发适戍以备之。当此之时，外内骚动，皆不聊生，亡逃相从，群为盗贼，于是山东之难始兴。兵者凶事，一方有急，四面皆耸。臣恐变故之生，奸邪之作，由此始也。

"臣闻天子之兵有征而无战，言莫敢校也。如使越人蒙徼幸以逆执事之颜行，厮舆之卒有一不备而归者，虽得越王之首，臣犹窃为大汉羞之。陛下以四海为境，生民之属，皆为臣妾。垂德惠以覆露之，使安生乐业，则泽被万世，传之子孙，施之无穷，天下之安，犹泰山而四维之也。夷狄之地，何足以为一日之闲而烦汗马之劳乎！诗云：'王犹允塞，徐方既来。'言王道甚大而远方怀之也。臣安窃恐将吏之以十万之师为一使之任也！"

刘安这篇《上书谏伐南越》，内容很多，我们只看重点，一共七项：

第一，道出百越政权和汉帝国的关系：百越政权虽名义上认了汉帝国这个大哥，实际上既不给汉帝国上供，也不替汉帝国做事。

第二，百越之间互相攻击，纯属家常便饭，汉帝国就算真想管，也管不过来。如果这次管了，下次遇到同类事情管不管呢？先例一开，以后就会有没完没了的麻烦。

第三，百越那边，论土地都是蛮荒之地，不值得占领；论人民都是不堪教化的野人，没法管理。

第四，早年隆虑侯周灶远征南越，刘安的父亲刘长派兵助战，仗还没打，就有一多半士兵死于水土不服，给无数家庭造成悲剧。死难战士的家属，到千里之外寻找亲人的尸骨，带回家乡安葬。这种伤痛，老一辈的人至今记忆犹新。

第五，汉帝国连年遭遇自然灾害，自顾尚且不暇，没有金刚钻就别去揽瓷器活儿。

第六，最新情报，闽越王骆郢已被他的弟弟骆馀善杀掉，闽越国内一团乱麻。这种时候，汉帝国不需派十万大军，只要派一位使者就好。如果实在想要他们的人，就照东瓯国的情况办理；如果不想要，那就给他们扶植一位新国王。

第七，天子的军队"有征而无战"，只要摆出讨伐坏蛋的姿态，就能不战而胜，没人胆敢真刀真枪地站出来抵抗。这次汉帝国大军南征，一旦闽越不识趣，动了手，那么汉军即便只死一名伙夫，也是大汉之羞，杀了闽越国王都洗刷不了这份羞耻。

刘安这篇《上书谏伐南越》，不但雄辩滔滔，而且词真意切。我们不妨设想一下，汉武帝要想有理有据地反驳，该从哪里入手？他又会不会理屈词穷，恼羞成怒？

战争平息

事实上,汉武帝很开心。倒不是因为他多有胸怀,而是因为当他收到刘安这些意见时,闽越之乱已在汉帝国的兵威之下尘埃落定。这不正是刘安所谓的"天子之兵有征而无战"吗?

那么,战争到底是怎么平息的呢?

原文:

是时,汉兵遂出,未隃领,闽越王郢发兵距险。其弟馀善乃与相、宗族谋曰:"王以擅发兵击南越不请,故天子兵来诛。汉兵众强,即幸胜之,后来益多,终灭国而止。今杀王以谢天子,天子听罢兵,固国完;不听,乃力战;不胜,即亡入海。"皆曰:"善!"即鏦杀王,使使奉其头致大行。大行曰:"所为来者,诛王。今王头至,谢罪;不战而殒,利莫大焉。"乃以便宜案兵,告大农军,而使使奉王头驰报天子。诏罢两将兵,曰:"郢等首恶,独无诸孙繇君丑不与谋焉。"乃使中郎将立丑为越繇王,奉闽越先祭祀。馀善已杀郢,威行于国,国民多属,窃自立为王,繇王不能制。上闻之,为馀善不足复兴师,曰:"馀善数与郢谋乱;而后首诛郢,师得不劳。"因立馀善为东越王,与繇王并处。

闽越王骆郢得到汉军南下的情报，原本是调兵遣将据守险要之地。如果事情真朝这个方向发展，那么刘安的种种悲观预言都会一一实现。

现代人很难理解古人对南方的恐惧心理。今天如果有陕西人、河南人到江浙、两广，甚至海南、东南亚旅游，他们不会觉得水土不服：一来是因为现代的卫生条件比古代好太多；二来是因为现代食品运输发达，肠道微生物早已适应天南海北的各种食物。

中国地形西高东低，黄河、长江都是东西走向，交通便利。秦汉年间，无论迁徙还是远征，东西向都比较容易，但南北向就困难重重。这使南北之间隔绝开来，水土不服的反应加重。与此同时，纬度变化导致的气候变化更让人难以适应。若北伐匈奴，虽有大漠黄沙，但因气候干燥，卫生条件要好得多，而南征百越，温暖和潮湿最易滋生各种致病的微生物，中原人士搞不清病因，一概归咎为瘴疠。瘴疠看不见摸不着，自然越想越怕。

而闽越那边，如果打防守战，就算守不住险要也不打紧，只要钻进深山老林打游击就好，汉军大概率会重蹈当年隆虑侯周灶的覆辙。但是，闽越王骆郢的弟弟骆馀善也不知是看到了危险还是看到了机会，找来国相和宗族重要人物商量："大王招惹了汉帝国，这次来的汉军人多势众，不好对付。就算我们侥幸打赢，毕竟汉帝国国力强，汉军源源不断杀过来，我们迟早要亡国。不如我们杀掉大王，向汉帝国道歉。人家接受道歉最好，不接受的话，再战也不迟。如果打败，我们就逃到海里，他们追不上。"

大家一拍即合，就这么杀了国王，将头颅送给汉军统帅王恢。

平心而论，骆馀善的战情分析有一个严重错误：汉帝国的国力确实百倍于闽越，若真死缠烂打，拿人命去填也能灭掉闽越，但问题是，大有大的难处，对外战争的胜负高度关乎统治者的权威。如果一场惨败动摇了皇帝的权威，那就是野心家蠢蠢欲动的时候了，皇帝很难再有余力继续对外用兵，甚至改朝换代都有可能。正所谓"攘外必先安内"，只有解除了内部的潜在威胁，统治者才能安心对外用兵，既不在乎成本，也不在乎一时胜败，而是实实在在地拼国力，拼消耗。

骆馀善和闽越高层不知是真没想通这一层，还是揣着明白装糊涂，只是借机搞政变，总之他们杀了国王骆郢。

分立越王

王恢拿到骆郢的人头以后，会怎么办呢？

此事如果放在商鞅时代，和谈是不太可能。统帅就算想和谈，也必须照顾到手下千万士兵的情绪——人家大老远来，为的就是拎几颗人头，换提成，拿爵位，总不能空手而归。汉朝虽然继承了秦制，但在这方面还是做出了很大的调整。王恢欣然接受和谈，一边通知韩安国，仗不打了，一边把骆郢的人头送往长安。

刘安提到的闽越政变，正是骆馀善杀了骆郢一事。不过他只是辗转听到传闻，并不知骆馀善已控制了闽越，并且在和王恢议和。

武帝得到战报，下诏班师，诏书里有这样一句话："骆郢等人是首恶，只有无诸的孙儿繇君骆丑不曾参与其中。"于是，朝廷派使者立繇君骆丑为王，称之为越繇王。

诏书中提到的无诸，是刘邦亲封的第一代闽越王，所以，立骆丑为新一代闽越王，兼顾了血统和政治立场。耐人寻味的是，诏书声称，闽越高层只有骆丑一人清白，就等于说原闽越王骆郢攻打南越，并非刚愎自用、一意孤行，而是得到了包括亲弟弟骆馀善在内的闽越高层的一致支持，只不过仗打到一半，汉帝国大军压境，骆馀善等人才临时变卦，把骆郢推出来当替罪羊。

汉帝国如果要在闽越选一个国王，仅以血统和政治立场为标准，那么除了繇君骆丑，确实找不出第二个人选。但武帝没想到，骆馀善杀掉哥哥后，在闽越拥有了强大的号召力，自立为王，越繇王骆丑拿他毫无办法。就这样，又一个烫手山芋抛给了年轻的汉武帝。

这事到底管不管呢？要管的话，王恢、韩安国两支大军刚刚班师，又要劳师远征，国家实在折腾不起，还让淮南王刘安看笑话；不管的话，骆馀善公然蔑视汉帝国的权威，隔着千山万水打了皇帝的脸，难道就忍了？

武帝遇到的两难状况，是很经典的政治难题，解决方案就是想办法给自己找台阶下。武帝找的台阶是：骆馀善虽多次伙同前任闽越王骆郢作乱，但后来杀了骆郢，免去汉军的征战之劳，也算有功。既然有功，那就封骆馀善为东越王，和越繇王骆丑各管各的人，互不打扰。

事情算解决了，表面上相安无事，但骆馀善心里埋下了轻视汉帝国的种子。这颗种子会慢慢生根发芽，破土而出，在若干年后，长成一丛荆棘。

如果以成败论英雄，显然汉武帝以实际行动压倒了淮南王刘安的滔滔雄辩，但若是闽越政权没有发生政变，隆虑侯周灶的南征悲剧会不会重演？

无论如何，汉帝国为南越发了兵、解了围，接下来就该期待南越的表现了。